Ägyptische

Musikinstrumente

von

Moustafa Gadalla

Ägyptische Musikinstrumente , zweite Ausgabe
von Moustafa Gadalla
Aus dem Englischen übersetzt von Daniela Mattes

INHALT

1

ÜBER DEN AUTOR

Moustafa Gadalla ist ein ägyptisch-amerikanischer unabhängiger Ägyptologe, der 1944 in Kairo, Ägypten, geboren wurde. Er hat einen Bachelor of Science in Bauingenieurwesen von der Universität Kairo.

Seit seiner frühen Kindheit verfolgte Gadalla seine altägyptischen Wurzeln mit Leidenschaft durch kontinuierliches Studium und Forschung. Seit 1990 widmet und konzentriert er seine ganze Zeit dem Forschen und Schreiben.

Gadalla ist Autor von zweiundzwanzig veröffentlichten, international anerkannten Büchern über die verschiedenen Aspekte der altägyptischen Geschichte und Zivilisation und ihre weltweiten Einflüsse. Darüber hinaus betreibt er ein Multimedia-Ressourcenzentrum für genaue, erzieherische Studien des alten Ägypten, das auf ansprechende, praktische und interessante Weise präsentiert wird und die breite Öffentlichkeit anspricht.

Er war der Gründer der Tehuti Research Foundation, die später in mehr als zehn Sprachen in das mehrsprachige Egyptian Wisdom Center (https://www.egyptianwisdomcenter.org) integriert wurde. Er ist auch der Gründer und Leiter der Online Egyptian Mystical University (https://www.EgyptianMysticalUniversity.org). Eine weitere laufende Aktivität war seine Kreation und Produktion von Projekten für darstellende Künste wie die Isis Rises Operetta (https://www.isisrisesoperetta.com); bald gefolgt von Horus The Initiate Operetta; sowie andere Produktionen.

2

VORWORT [ZWEITE AUSGABE]

Dieses Buch ist eine überarbeitete und eine erweiterte Ausgabe des ursprünglich im Jahr 2004 erschienenen Buches *Ägyptische Musikinstrumente* von Moustafa Gadalla.

Diese Neuauflage erweitert und ergänzt die bisherigen Texte der Erstausgabe. Wir haben auch eine große Anzahl von Fotos hinzugefügt, die die Textmaterialien im ganzen Buch ergänzen.

Dieses Buch zeigt die Fülle altägyptischer Musikinstrumente, ihre Bandbreite und Spieltechniken sowie kurze Übersichten über die Musiker und wie das musikalische Orchester Handsignalen und schriftlichen Notationen (Notenschriften) folgte.

Dieses Buch besteht aus ausgewählten Auszügen aus unserem Buch: *The Enduring Ancient Egyptian Musical System: Theory and Practice* von Moustafa Gadalla.

Bitte beachten Sie, dass die digitale Ausgabe dieses Buches, wie sie im PDF- und E-Book-Formaten veröffentlicht wird, eine beträchtliche Anzahl von Fotografien enthält, die den Text des gesamten Buches ergänzen.

Moustafa Gadalla

3

BEGRIFFSERKLÄRUNGEN

---

1. In diesem Buch werden Oktaven nach dem folgendem System benannt:

c3 c2 c1 1 c1 c2 c3

<- Tiefere Oktaven | Höhere Oktaven->

2. Großbuchstaben (C, D, E usw.) sind für allgemeine Tonhöhenbezeichnungen ohne Rücksicht auf einen bestimmten Oktave reserviert.

3. Das altägyptische Wort „neter" und seine weibliche Form „netert" sind von fast allen Wissenschaftlern fälschlicherweise – und möglicherweise absichtlich – mit „Gott" und „Göttin" übersetzt worden. „Neteru" (Plural von neter/netert) sind die göttlichen Prinzipien und Funktionen des Einen Höchsten Gottes.

4. Sie finden möglicherweise Variationen in der Schreibweise der altägyptischen Begriffe wie zum Beispiel Amen/Amon/Amun oder Pir/Per. Dies liegt daran, dass die Vokale, die Sie in den übersetzten ägyptischen Texten sehen, lediglich Annäherungen an die Töne sind, die von westlichen Ägyptologen verwendet

werden, um die altägyptischen Begriffe/Worte aussprechen zu können.

5. Wir werden die für englischsprachige Menschen geläufigsten Wörter benutzen, um eine(n) neter/netert (Gott, Göttin), einen Pharao oder eine Stadt zu identifizieren, gefolgt von anderen Varianten dieses Wortes oder Begriffes.

Dabei ist zu beachten, dass der wirkliche Name der Gottheiten (Götter oder Göttinnen) geheim gehalten wurde, um die kosmische Macht der Gottheit zu schützen. Die Neteru wurden durch Beiworte benannt, die ihre besonderen Qualitäten, Attribute und/oder Aspekte ihrer Rollen beschrieben. Dies gilt für alle gängigen Bezeichnungen wie Isis, Osiris, Amun, Re, Horus, etc.

6. When using the Latin calendar, we will use the following terms:

> **BCE** – Before Common Era. Wird andernorts auch als BC verwendet.
> **CE** – Common Era. Wird andernorts auch als AD verwendet
>
> CE bedeutet „heutige Zeitrechnung" oder auch „n.Chr."
>
> (Anmerkung des Übersetzers: In der deutschen Fassung wurde das gebräuchliche v.Chr./n.Chr. verwendet)

7. Der Begriff „Baladi" wird in diesem Buch verwendet werden, um die gegenwärtige stille Mehrheit der Ägypter zu bezeichnen, die den alten ägyptischen Traditionen folgen – unter einer dünnen Außenschicht des Islam. (Siehe *„Die altägyptische Kultur enthüllt"* von Moustafa Gadalla für detaillierte Informationen hierzu.)

4

KARTE VON ÄGYPTEN

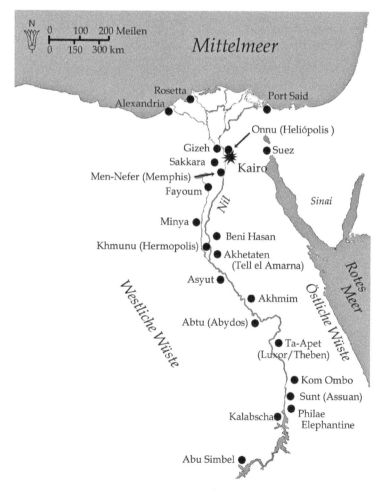

KAPITEL 1 : Die Fülle von Instrumenten

1.1 DIE ÄGYPTISCHEN INSTRUMENTE

Die archäologische und traditionelle ägyptische Musikgeschichte ist viel üppiger als in jedem anderen Land. Die Wandreliefs der altägyptischen Tempel und Gräber stellen zahlreiche Typen und Formen von Musikinstrumenten dar, die Technik, mit der diese Instrumente gespielt und gestimmt wurden, das Ensemblespiel und vieles mehr. Diese musikalischen Szenen zeigen die Hände des Harfenspielers, der bestimmte Saiten anschlägt, und die Bläser, die bestimmte Akkorde zusammen spielen.

Die Abstände der Bünde auf der Laute zeigen deutlich, dass die entsprechenden Intervalle und Tonleitern gemessen und berechnet werden können. [Eine detaillierte Analyse wird in einem späteren Kapitel dieses Buches gezeigt.]

Die Positionen der Hände der Harfenspieler auf den Saiten zeigen eindeutig Intervalle wie die Quarte, Quinte und die Oktave, die eine unbestreitbare Kenntnis der Gesetze der musikalischen Harmonie offenbaren.

Das Spielen von Musikinstrumenten wird auch als von den Handbewegungen der Dirigenten gesteuert dargestellt, was uns hilft, bestimmte Töne, Intervalle und Klangfunktionen zu identifizieren, wie in der folgenden Abbildung (links) dargestellt.

Die Intervalle von Quarte, Quinte und Oktave waren die Häufigsten in den altägyptischen Darstellungen. Curt Sachs stellte (in seinem Buch „Geschichte der Musikinstrumente") fest, dass von 17 Harfenisten, die auf ägyptischen Kunstwerken vertreten sind (mit hinreichendem Realismus und Deutlichkeit, um zuverlässige Darstellungen zu sein), sieben auf einen vierten Akkord, fünf einen fünften Akkord und fünf einen Oktavakkord anschlugen.

Die am häufigsten dargestellten Harfen hatten sieben Saiten, und nach Curt Sachs' Studium der ägyptischen Instrumente stimmten die Ägypter ihre Harfen in derselben diatonischen Reihe von Intervallen ab.

Eine der beiden Harfen, die im Grabmal von Ramses III. (siehe unten) dargestellt wurden, hat 13 Saiten, von denen – wenn die längste Saite Proslambanomenos (= den tiefsten Ton) oder D repräsentiert – die restlichen 12 Saiten **mehr als alle Töne, Halbtöne und Vierteltöne der diatonischen, chromatischen und enharmonischen Gattungen innerhalb einer Oktave liefern würden.**

Neben den zahlreichen Darstellungen von musikalischen Szenen, die in Tempeln und Gräbern aus allen Perioden der ägyptischen dynastischen Geschichte abgebildet sind, haben wir auch Zugang zu Hunderten von verschiedenen ägyptischen Musikinstrumenten, die aus ihren Gräbern geborgen wurden. Diese ägyptischen Instrumente sind jetzt in Museen und privaten Sammlungen auf der ganzen Welt verteilt. Die meisten dieser Instrumente wurden sorgfältig und einzeln in Tücher gewickelt, bevor sie in die Gräber gelegt wurden.

Alle diese Erkenntnisse bestätigen – zusammen mit den frühen historischen Aufschrieben des ägyptischen musikalischen Erbes sowie den Traditionen der modernen Nilbewohner – den authentischsten Fall der musikalischen Geschichte des alten Ägyptens.

Leider ist ein Großteil dieser OFFENSICHTLICH ÄGYPTISCHEN Beweise im Laufe der Geschichte von der westlichen Wissenschaft immer wieder verzerrt dargestellt worden. Praktisch alle westlichen Akademiker haben bezüglich der Themen, die das Alte Ägypten betreffen, geringschätzig auf diese große Zivilisation herabgeschaut.

Der typische westliche Akademiker wird gleichzeitig:

   1) die Ägypter als sehr konservativ beschreiben, die sich weder verändern noch entwickeln, die keine Fantasie hatten usw., und

   2) die Errungenschaften im alten Ägypten als geliehen/ gestohlen/kopiert von Nicht–Ägyptern darstellen.

Es ist unlogisch, wenn jemand widersprüchliche Argumente gleichzeitig verwendet. Tatsache ist, dass Ägypter (Alte und

Baladi) bemerkenswert traditionalistisch zu einem Fehler stehen, wie von ALLEN frühen Historikern – wie zum Beispiel von Herodot – bezeugt wird:

Herodot sagt in seinen „Historien", Band 2, S.79:

> *„Die Ägypter halten sich an ihre einheimischen Bräuche und übernehmen nie irgendwelche aus dem Ausland."*

Herodot sagt in seinen „Historien", Band 2, S. 91:

> *„Die Ägypter sind nicht bereit, griechische Bräuche anzunehmen, oder allgemein gesagt: diejenigen irgendeines anderen Landes. „*

>> Mehrere Fotos zur Ergänzung des Textes dieses Unterkapitels finden sich in der digitalen Ausgabe dieses Buches, wie es in PDF- und E-Book-Formaten veröffentlicht wird.

1.2 ALLGEMEINE MERKMALE DER ÄGYPTISCHEN INSTRUMENTE

1. Die abgebildeten musikalischen Szenen in den altägyptischen Gräbern sowie die gefundenen Instrumente aus dem Alten und Mittleren Reich zeigen die Verhältnisse/Abstände zwischen den leeren Saiten der Harfe, den dicht angeordneten Bünden an den langen Hälsen der Streichinstrumente sowie den Abmessungen zwischen den Fingerlöchern der Blasinstrumente, die zeigen/ bestätigen, dass:

a. mehrere Arten von Tonleitern bekannt waren/verwendet wurden.

b. eng abgestufte Tonleitern (24 Vierteltöne) seit der frühesten bekannten ägyptischen Geschichte (vor mehr als 5.000 Jahren) verwendet wurden.

c. Spiel- und Stimm-Techniken von Streichinstrumenten das Solo und Akkordspiel von Instrumenten ermöglichten.

d. Spieltechniken von Blasinstrumenten kleine Abstufungen und einen Orgeleffekt lieferten.

e. sowohl die zyklische (auf-und-ab) Methode als auch die getrennte Abstimmmethode im Einsatz waren.

2. Die alten Ägypter waren/sind weltweit berühmt für die meisterhaften Spieltechniken ihrer Musikinstrumente. Das Geschick der Ägypter bei der Verwendung dieser Instrumente wurde von Athenäus bestätigt, der in seinen Texten [iv, 25] erklärte, dass *„sowohl die Griechen als auch die „Barbaren" von ägyptischen Eingeborenen die Musik gelehrt hätten."*

Nach dem Untergang der altägyptischen Pharaonischen Ära, war Ägypten weiterhin das Lernzentrum für Musik für die arabischen/islamischen Länder.

1.3 MUSIKER IM ALTEN (UND HEUTIGEN) ÄGYPTEN

Musiker waren/sind im Alten und Baladi Ägypten hoch angesehen. Die altägyptischen Neteru (Götter) selbst sind Musikinstrumente spielend auf den Tempelwänden abgebildet. Der Beruf eines Musikers war ein offensichtliches Zeichen für bzw. eine praktische Konsequenz der bedeutenden Funktionen der Musik in der ägyptischen Gesellschaft. Musiker hatten verschiedene und unverwechselbare Rollen. Einige ihrer vielen musikalischen Titel waren Aufseher, Ausbilder, Dirigent von Musikern, Lehrer, Musiker von Ma-at – *Herrin der Neteru*, Musiker von Amun, Musiker der Großen Neunheit von Heliopolis, Musiker von Hathor usw. Der Beruf des Cheironoms (Dirigenten/Maestros) wurde auch in der altägyptischen Literatur erwähnt.

Der musikalische Beruf umfasste den gesamten Bereich von

Vertretern des Tempels bis hin zu anderen sozialen Aktivitäten. Es gab verschiedene und gut ausgebildete Gruppen von Sängern und Tänzern, die die gesamte Reihe der Performance-Regeln gelernt und praktiziert haben, die für die verschiedenen Anlässe geeignet sind.

Diodor von Sizilien schrieb über Horus Behdety (Apollo) und seine neun Musen in seinem *Buch I* [18, 4-5]:

> *Osiris lachte gern und war ein Freund der Musik und des Tanzes. Darum hatte er auch eine Gesellschaft von Musikern um sich, unter denen sich neun Jungfrauen befanden, die singen konnten und auch sonst gebildet waren. Dies sind die Jungfrauen, die man die Musen nennt und ihr Vorsteher (Hegetes), so sagt man, war Horus Behdety (Apollo), welcher daher den Namen Musagetes hat.*

Der Bericht von Diodorus liefert uns zwei interessante Punkte:

1. Der Titel von Horus Behdety wird mit *Musa-getes* angegeben, was ein ägyptischer Begriff ist, der *Musiker* bedeutet. Musegete/Muse-kate (Musagetes) ist kein arabisches Wort.

2. Das Konzept der neun Musen ist ägyptischen Ursprungs, da es sich auf die alten ägyptischen Gottheiten bezieht.

Eine große Anzahl von Musikern im heutigen Ägypten gehören zu den mystischen Sufi-Gruppen. Sie spielen bei Hochzeiten, Beschneidungen, den unzähligen jährlichen Festivals, Beerdigungen, etc. Sie sind alle gut organisierte Musiker, Tänzer, Rezitatoren und Sänger, genau wie ihre Vorfahren. Auch wenn sie nicht blind sind, treten sie mit Augenbinden oder geschlossenen Augen auf. In den altägyptischen musikalischen Aufführungen werden die meisten Musiker blind, sehbehindert oder mit verbundenen Augen gezeigt, um den metaphysischen Aspekt der Musik zu erhöhen.

1.4 DAS MUSIKORCHESTER

Musikinstrumente unterscheiden sich in Tonumfang und Tonstärke einzelner Noten, ihrer Betonung, Dauer, dem Tempo für die Betonung einer wiederholten Note und wie viele Noten jedes Instrument auf einmal spielen kann.

Daher wurden von den alten Ägyptern eine Vielzahl von Instrumenten verwendet, um ein komplettes System/eine Bandbreite von musikalischen Klängen zu liefern. Es ist zu beachten, dass der Überblick über die altägyptischen Musikinstrumente in diesem Buch auf Instrumente beschränkt ist, die mit den heutigen Instrumenten verglichen werden können. Einige der Instrumente der alten Ägypter unterscheiden sich zu sehr von der heutigen Klassifikation, um irgendwelchen davon zugeordnet werden zu können.

Musikgruppen variierten im alten Ägypten. Kleinere und größere Ensembles wurden für verschiedene Zwecke eingesetzt, wie aus den abgebildeten musikalischen Szenen in den altägyptischen Gebäuden hervorgeht. Es ist aus den Skulpturen der alten Ägypter hinreichend klar, dass ihre Musiker mit allen drei Harmoniearten vertraut waren: der Harmonie der reinen Instrumentalmusik, der Harmonie des reinen Gesangs und der Harmonie des Zusammenspiels von Instrumenten und Gesang. Das Spielen von Musikinstrumenten wurde durch die Handbewegungen der Dirigenten (Cheironomen) gesteuert. Ihre Handzeichen zeigen eine Vielfalt des Spielens: Unisonso (Einklang), Akkord, Polyphonie (Mehrstimmigkeit), ... etc., wie in Kapitel 5 erläutert.

Das ägyptische Orchester/Ensemble bestand in der Regel aus den vier Gruppen von Instrumenten:

1. Saiteninstrumente mit leeren Saiten, wie Trigonon, Leier, Harfe, etc. [Siehe Kapitel 2.]

2. Streichinstrumente mit gestoppten Saiten am Hals, wie die Tanboura, Gitarre, Oud (Kurzhalslaute), etc. [siehe Kapitel 2.]

3. Blasinstrumente wie Flöte, Pfeife, etc. [siehe Kapitel 3.]

4. Schlaginstrumente wie Trommeln, Klappern, Glocken, … etc. [Siehe Kapitel 4.]

Die folgenden Kapitel stellen die gefundenen und dargestellten altägyptischen Instrumente vor, die oben beschrieben wurden.

KAPITEL 2 :
STREICHINSTRUMENTE

2.1 ALLGEMEINES

Die altägyptischen Saiteninstrumente bestehen im Grunde aus zwei Gruppen:

1. jene mit leeren Saiten: Leiern, Harfen, Zithern, etc. Diese Gruppe wird gewöhnlich in einem Takt von Quinten und Quarten nach Gehör gestimmt. Dies erfolgt durch das Auswählen einer Saite (C) und Abstimmen einer anderen Saite mit ihrer oberen reinen Quinte (G), dann wieder auf (D) eine Quarte nach unten, und dann um ein weiteres Fünftel hinauf zum (A), und so weiter. Dieser Unterschied zwischen einer Quinte und einer Quarte wird als ein Große Ganztonleiter bezeichnet, die 203,77 Cent entspricht. (*Anm. d. Ü. „cent" ist eine Hilfsmaßeinheit zum Größenvergleich musikalischer Intervalle*)

2. die mit gestoppten Saiten: Instrumente mit gut profilierten Hälsen, wie Tanbouras, Gitarren, etc. Diese Gruppe wird durch die divisive Methode der Abstimmung geregelt. Die Abstimmung erfolgt durch das Stoppen der Saiten am Hals in proportionierten Abständen (durch Verwendung von Bünden) wie folgt:

1/2 der Länge, um die Oktave zu bekommen
1/3 der Länge, um die Quinte zu bekommen
1/4 der Länge, um das Quarte zu bekommen

Es gibt aber Leiern, Harfen und Zithern mit Saiten, die gelegentlich gestoppt werden, und Tanbouras mit leeren Saiten, wie bei der Ka-nun-Spieltechnik [die später in diesem Kapitel erklärt wird], und bei den Harfen-Spieltechniken, die ebenfalls später in diesem Kapitel erklärt werden.

2.2 LEIERN

Altägyptische Leiern haben einen jochförmigen Rahmen, der aus zwei Armen und einer Querlatte besteht, die aus der Oberseite des Körpers herausragt.

Es gibt zwei Haupttypen von Leiern im Alten Ägypten:

1. mit asymmetrischer Form, die zwei divergierende asymmetrische Arme, eine schräge Querlatte und einen Klangkörper besitzt.

2. mit symmetrischer rechteckiger Form, die zwei parallele Arme, eine Querlatte im rechten Winkel und den Klangkörper hat.

Die Klangqualität beider Typen wurde durch den Klangkörper beeinflusst, der grundsätzlich quadratisch oder trapezförmig war.

Viele ägyptische Leiern besaßen eine beträchtliche Kraft mit ihren 5, 7, 10 und 18 Saiten.

Sie wurden gewöhnlich zwischen dem Ellenbogen und der Seite gehalten und mit der Hand und/oder mit dem Plektrum gespielt. Das Plektrum bestand aus Schildpatt, Knochen, Elfenbein oder Holz und wurde oft mittels einer Schnur an der Leier angebracht. Die zahlreichen Darstellungen von Leierspieltechniken entsprechen der Technik des heutigen Spiels. Die Leier wurde schräg oder sogar horizontal vom Spieler weg gehalten.

Der Druck der Finger dehnte die Saiten und veränderte so die Tonhöhe. Die rechte Hand strich mit einem Plektrum über alle Saiten gleichzeitig, während die Finger der linken Hand sich über die Saiten streckten, und diejenigen stumm hielt, die nicht gespielt werden sollten. Die ägyptischen Leiern hatten einen

Umfang von mehreren Oktaven, die die einzigartigen ägyptischen musikalischen Tonabstände enthielten.

Kleinere Töne wurden ähnlich wie bei den Harfenspieltechniken erzeugt, die später in diesem Kapitel beschrieben werden. Es gibt perfekt erhaltene Holzleiern [jetzt in den Museen von Berlin und Leiden]. In der Leiden-Sammlung werden die beiden Arme der Leier von Pferdeköpfen geschmückt. Ihr Design, Form, Prinzip und die abwechselnd langen und kurzen Saiten ähneln einigen von denen, die in mehreren altägyptischen Gräbern dargestellt werden.

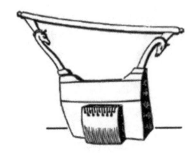

Nachfolgend finden Sie weitere Beispiele für die dargestellten/ gefundenen ägyptischen Leiern:

- Bes, bekannt seit der vordynastischen Ära [vor 3000 v.Chr.], wird als Bronze-Statuette gezeigt, die mit einem Plektrum die Saiten einer asymmetrischen Leier anschlägt [jetzt im Kairoer Museum, Katalognr. 41736].

- Eine symmetrische Leier wurde von Hans Hickmann in einem Grab aus der 6. Dynastie [2323-2150 v. Chr., Sakkara] identifiziert.

- Asymmetrische Leiern aus dem Mittleren Reich [2040-1783 v.Chr.] sind in den Gräbern von Beni Hassan dargestellt.

- Es wurde eine asymmetrische Leier gefunden, die eine Inschrift an Amenhotep I [16. Jh. v.Chr.] enthielt.

- Im Grabmal von Kynebu [datiert auf das 12. Jh. v.Chr.], das an die überlebenden altägyptischen Leiern [jetzt in den Museen in Berliner und Leiden] erinnert, wird eine symmetrische, 14-saitige Leier dargestellt.

2.3 TRI-GONON /TRI-QANON (ZITHER)

Flavius Josephus stellte in seinen Bänden „Geschichte der Juden" fest, dass die altägyptischen Tempelmusiker ein enharmonisches dreieckiges Instrument (órganon trígonon enarmónion) spielten. Das Trígonon (kleine dreieckige Harfe) besteht aus zwei Begriffen: Tri und Gonon. Der Begriff tri kennzeichnet die Art und Form dieses einzigartigen ägyptischen Instruments:

- es besitzt eine dreieckige Form, die manche trapezförmig nennen, weil die kürzeste Saite eine gewisse Länge haben muss, um einen Klang zu erzeugen.

- die Saiten sind in Dreiergruppen angeordnet. Jede der drei Saiten hat eine andere Stärke/Dicke, und alle drei sind Unisono/im Einklang gestimmt.

Das Gonon hat in Ägypten eine äußerst wichtige Rolle gespielt, wie von Flavius Josephus bezeugt.

- Es gibt eine alte ägyptische Floßzither im Museum für Völkerkunde und Vorgeschichte [Hamburg, Deutschland].

- „Qanon" wurde von al-Farabi [10. Jahrhundert v. Chr.] als ein Instrument mit 45 Saiten (15 Dreierpaare) erwähnt, das bereits zu seiner Zeit existierte.

- „Qanon" wurde nie als ein Instrument mit irgendeiner anderen Herkunft als Ägypten bezeichnet, und Ägypten wird immer noch als der beste Hersteller dieses Instruments anerkannt. Der Name des Instruments, Qanon, erscheint in einer der ältesten Geschichten von „1001 Nacht", in der Geschichte von Ali ibn Bakkar und Shams al-Nahar (169. Nacht), die dem 10. Jahrhundert zugeschrieben wird. Sein

Beiname *Missri*, zeigt *Massr* oder Ägypten als seine Herkunft an.

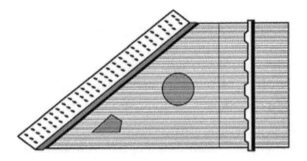

Die gegenwärtige Form des Qanon ist ein flacher Kasten mit einem dreieckigen Saitenkörper. Es variiert von 21 bis 28 Dreiersaiten (insgesamt 63 bis 84 Saiten), aber die häufigsten besteht aus 26 Dreiersaiten (78 Saiten). Jedes Dreierpaar ist unison/im Einklang gestimmt.

Die Saiten werden mit Schildpatt-Plektren gezupft, die an Ringen befestigt sind, die am rechten und linken Zeigefinger getragen werden. Die rechte Hand spielt die Melodie und die linke Hand verdoppelt sie in der unteren Oktave, mit Ausnahme der Passagen, wo sie eine Saite stoppt, um ihre Tonhöhe zu heben. Das Instrument hat abnehmbare Metallbrücken, die unter den Saiten platziert werden können, um ihre Länge und damit ihren Klang zu verändern. Es können dieselben Spieltechniken wie für Leier und Harfen verwendet werden [weitere Details später in diesem Kapitel].

Das ägyptische Orchester stimmt beide Arten (zyklische und divisive) von Streichinstrumenten mit der ägyptischen Qanon (Zither). Dies ist das Instrument nach dem andere Instrumente im Orchester gestimmt werden, weil es beiden Prinzipien auf einmal folgt: Es gibt leere Saiten, die dem zyklischen Prozess des Abstimmens folgen, während die Melodienspiel-Saite dem divisiven System folgt. Die Melodienspiel-Saite besitzt nicht wirklich erhöhte Bünde, sondern Markierungen der Stoppstellen an den Griffstellen entlang des Resonanzbodens.

2.4 HARFEN

Die altägyptischen Harfen variierten stark in Form, Größe und die Anzahl ihrer Saiten. Sie sind in den alten Gemälden mit 4, 6, 7, 8, 9, 10, 11, 12, 14, 17, 20, 21 und 22 Saiten dargestellt.

Die Harfe wurde als besonders geeignet für Tempeldienst erachtet. Sie wurde sogar in den Händen der Gottheiten selbst gezeigt.

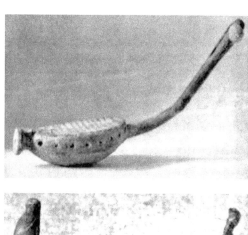

Es gab grundsätzlich zwei Arten von Harfen:

1. die kleine tragbare (Schulter-)Harfe (Flachbogen). Schulterharfen finden sich in großer Zahl in Museen auf der ganzen Welt. Wie alle Instrumente dieser Art, hatten sie eine Vorrichtung, die von vorne nach hinten bewegt werden konnte, von oben nach unten oder umgekehrt. Es war eine Art Aufhängestange für die Saiten, die eine schnelle Abstimmung auf verschiedene Tonhöhen erlaubte.

2. die größere, gewölbte (Bogen-)Harfe oder Winkelharfe. Es gab mehrere Variationen der großen Harfen in Ägypten nach Strukturen und Größen, je nach Saitenhalter und ob sie auf der Oberseite oder Unterseite liegt und ob der Resonanzkörper gerade oder gebogen ist. [Hier ist eine Szene aus dem Grab von Amenemhet, Beni Hasan, 12. Dynastie, ca. 1850 v. Chr.]

Es gibt kaum einen Unterschied zwischen Bogen- (gewölbter) und Winkelharfe, soweit es ihren Klang betrifft.

Ein paar Beispiele für gefundene und abgebildete altägyptische Harfen sind unten aufgelistet:

• Das Grab von Debhen aus Gizeh [ca. 2550 v. Chr.] zeigt zwei Bogenharfen mit gut profilierten Klangkörpern.

• Eine riesige Bogenharfe ist in einem Relief des Grabes von Seshemnofer dargestellt [Gizeh, 5. Dynastie, ca. 2500 v. Chr.].

• Eine Bogenharfe ist in einer Szene aus dem Grab von Ti [ca. 2400 v. Chr.] in Sakkara dargestellt.

• Eine Bogenharfe ist im Grab des Ptah-hotep dargestellt [ca. 2400 v. Chr.]. Die Szene zeigt ein „Zweiton-Spiel" (*es wurden zwei Töne gleichzeitig angeschlagen*) [siehe auch Kapitel 5].

• Eine Harfe ist in einem Relief im Grab von Nekauhor [2390 v. Chr., Sakkara, jetzt im *Metropolitan Museum of Art, New York*] dargestellt. Die Szene zeigt das Dreiklangspiel (*es wurden drei Töne auf einmal angeschlagen*) [siehe auch Kapitel 5].

• 5 Harfenspieler im polyphonen Spiel sind in Iduts Grab in Sakkara dargestellt [ca. 2320 v.Chr.]

• Die Gemahlin des verstorbenen Mereruka [ca. 2290 v.Chr.] wird in Mererukas Grab in Sakkara gezeigt, wie sie eine große Harfe spielt. Sie spielt zwei verschiedene Saiten der Harfe – mehrstimmig [siehe auch Kapitel 5].

• Eine Bogenharfe ist in Rekhmires Grab in Luxor (Theben) dargestellt [ca. 1420 v. Chr.] Die Stimmwirbel der Saiten sind in Form eines modernen Trompetenmundstückes akkurat abgebildet.

• Eine Bogenharfe ist im Grab von Nakht [15. Jh. v. Chr.] in Luxor (Theben) dargestellt.

• Im Grab von Ramses III [1194-1163 v. Chr.] in Luxor (Theben) werden zwei Musiker gezeigt, die zwei riesige Bogenharfen spielen. Wegen der zwei Harfenspieler wurde dieses Grab „Das Grab des Harfners" genannt, und die Harfen sind bekannt als „Bruces Harfen". Eine Harfe wird hier gezeigt. [Die andere Harfe wird später in diesem Kapitel gezeigt.]

- Ramses III. ist im Heiligtum des Tempels von Medinet Habu, im westlichen Luxor (Theben) dargestellt, wie er eine Harfe darbietet.

Harfenspieltechniken

Die Saiten der Harfen wurden immer mit den Fingern oder einem Plektrum gezupft.

Die alten Ägypter waren mit einer ganzen Reihe Spieltechniken vertraut, wie aus den Gräbern der gesamten dynastischen Geschichte des alten Ägyptens hervorgeht. Sowohl einhändige als auch zweihändige Spieltechniken werden wie folgt dargestellt:

1. Einhändiges Spielen

Bei Harfen hat jede Note eine individuelle, ‚offene' Saite. Die Einhandtechnik basiert auf der divisiven Methode, um musikalische Töne zu erzeugen, indem man die Saite bei einer bestimmten proportionalen Länge stoppt.

Wenn diese Methode bei der Harfe angewendet wird, manipuliert (kürzt) nur eine Hand die Saite an einem bestimmten Abschnitt, was es der anderen Hand erlaubt, die verkürzte Saite zu zupfen (was den Ton ergibt).

Um die exakt proportionierte Länge der Saite zu lokalisieren und einen festen Kontakt an diesem Punkt zu gewährleisten, streckt sich einer der Finger der linken Hand aus und drückt die Saite im proportionalen Abstand gegen ein stangenförmiges Objekt (wie ein Griffbrett), wodurch sich die Vibrationslänge der Saite verkürzt (stoppt).

Die linke Hand wurde von Bünden geführt, die an bestimmten Punkten mit dem Griffbrett verbunden waren. Diese verkürzte Länge dieser bestimmten Saite kann dann geschlagen werden, um den Klang zu erzeugen. Diese Einhandtechnik erlaubt eine unbegrenzte Tonvielfalt.

Es gibt viele Beispiele, die Harfner zeigen, welche diese Technik vorführen. Sie zeigen deutlich, dass die gezupfte Saite einen leichten Winkel bildet. Beispiele:

> • In einem Relief [unten gezeigt] aus Grab 11 im Gebiet von Luxor (Theben) [Neues Reich, 1520 v. Chr.] verkürzt ein Harfner die Saite mit einer Hand und zupft mit der anderen. Die gebogene Saite wird deutlich gezeigt.

• In Iduts Grab [ca. 2320 v. Chr.), zupfen zwei der fünf dargestellten Harfner nur mit der rechten Hand, während die Linke die Saiten unten hält.

2. Zweihändiges Spielen

Die Zweihand-Technik basiert auf der Fähigkeit, jede leere Saite mit einem der Finger des Spielers zu zupfen. Beide Hände können die Saiten entweder einzeln, gleichzeitig oder nacheinander zupfen, d. h. einen Akkord oder eine Polyphonie spielen. Unerwünschte Saiten können mit der Handfläche weiter gedämpft werden.

Die umfassenden Kapazitäten der altägyptischen Harfen

Die zahlreichen Varietäten der altägyptischen Harfen zeigen den Reichtum ihrer Fähigkeiten der Musikerzeugung. Die folgende Übersicht basiert auf dem Verhältnis zwischen den leeren Saiten:

=> Es ist zu beachten, dass durch die Einhand-Spieltechnik noch viel mehr kleinere musikalische Töne erzielt werden können, wie bereits früher gezeigt.

1. Mit Harfen von 4 bis 22 Saiten wären einige Harfen in der Lage gewesen, eine Vielzahl von Noten über mehrere Oktaven zu erzeugen. Das Verhältnis zwischen der kürzesten und der längsten ist 1:3 bis 1:4 (d. h. 1 bis 2 Oktaven). Mit der Einhand-Spieltechnik sind die Möglichkeiten verschiedener Töne und Oktaven unbegrenzt.

2. Die Intervalle der Quarte, Quinte und Oktave waren die Häufigsten in altägyptischen Darstellungen. Curt Sachs stellte (in seinem Buch „Geschichte der Musikinstrumente") fest, dass von 17 Harfenisten, die auf ägyptischen Kunstwerken vertreten sind (mit hinreichendem Realismus und Deutlichkeit, um zuverlässige Darstellungen zu sein), sieben einen Quartakkord, fünf einen Quintakkord und fünf einen Oktavakkord anschlugen.

3. Das Verhältnis zwischen der kürzesten und der längsten Saite von mehreren altägyptischen Harfen beträgt etwa 2:3. Da dieses Intervall auf fünf Saiten aufgeteilt ist, würde die Tonleiter eine Reihe von Tönen zwischen Halb- und Ganztönen liefern. Bei Harfen mit zehn Saiten würde dies ein durchschnittliches Intervall von einem (kleineren) Halbton (90 Cents = 4 Kommas) ergeben.

4. Eine der beiden Harfen, die im Grabmal von Ramses III. gefunden wurden, hat 13 Saiten, von denen – wenn die längste Saite Proslambanomenos (= den tiefsten Ton) oder D repräsentiert – die restlichen 12 Saiten mehr als alle Töne, Halbtöne und Vierteltöne der diatonischen, chromatischen und enharmonischen Gattungen im Umfang einer Oktave liefern würden.

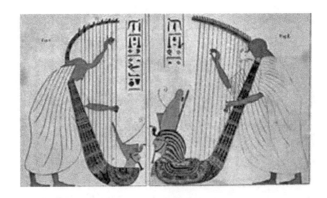

Die Stimmung dieser 13-saitigen Harfe kann die vier Tetrachorde (Viertonfolgen) Hyperboláion, Diezeugménon, Méson, Hypáton mit Proslambanoménos am unteren Ende liefern. *(Anm. d. Ü: Ein Tetrachord ist eine Viertonfolge mit dem Rahmenintervall einer reinen Quarte)*

5. Die am häufigsten dargestellten Harfen hatten sieben Saiten, und nach Curt Sachs' Studium der ägyptischen Instrumente stimmten die Ägypter ihre Harfen in derselben diatonischen Reihe von Intervallen ab.

6. Eine altägyptische Harfe mit 20 Saiten [gefunden in Luxor (Theben)] zeigt die pentatonische Tonleiter, die durch vier Oktaven läuft. Und die Harfe mit 21 Saiten [im Pariser Museum] hatte die gleiche Intervallfolge mit dem zusätzlichen Grundton an der Spitze.

>> Mehrere Fotos zur Ergänzung des Textes dieses Unterkapitels finden sich in der digitalen Ausgabe dieses Buches, wie es in PDF- und E-Book-Formaten veröffentlicht wird.

2.5 TANBOURAS (SAITENINSTRUMENTE MIT HALS)

Die Tanboura/Tamboura ist im Grunde ein Streichinstrument mit einem gut profilierten langen Hals, der verwendet wird, um die Saite an jeder gewünschten Länge zu stoppen, bevor man sie anschlägt.

Die Tanboura ist bekannt unter vielen anderen „Namen", wie Tamboura oder Nabla. Wir verwenden „Tanboura" hier als Gattungsnamen für Streichinstrumente mit einem profilierten Hals. Solch eine Instrumentengattung umfasst Lauten mit kurzem Hals, Gitarren mit langem Hals … etc. (ist aber nicht darauf beschränkt).

Dieses tanboura-artige Instrument erscheint auf zahlreichen Wandmalereien, gemeißelten Tafeln, Skarabäen, Sarkophagen und als Ornament auf Vasen und Kasten; und es repräsentiert als Hieroglyphe das einzelne Attribut: gut/schön.

Eine Form des tanboura-artigen Instruments findet sich unter den ägyptischen Hieroglyphen, die es somit auf mehr als 5.000 Jahre zurück datiert. Die Form wird mit zwei und manchmal vier Stimmzapfen gezeigt.

Im alten Ägypten führten Tanbouras die religiösen Prozessionen an und bestätigten dadurch ihren gegenwärtigen Spitznamen als „König der Instrumente". Die Tanboura mit dem kurzen Hals (bekannt durch ihren „arabischen Namen": Oud) dient ferner musikalischen Unterrichtszwecken, akustischen Demonstrationen sowie der Musiktheorie und ist der Eckpfeiler der Konzert-, Familien- und Volksmusik, einschließlich Theater-, Film- und Radio- Aufführungen

Es gab zahlreiche Formen und Arten von Saiteninstrumenten mit profilierten Hälsen. Die Halslänge variierte von der kurzen bis zu der sehr langen Art. Die Körperform variierte von oval bis hin zur Birnen- oder Mandelform sowie zu vielen anderen Formen.

Mit kurzem Hals [in der Mitte unten dargestellt]

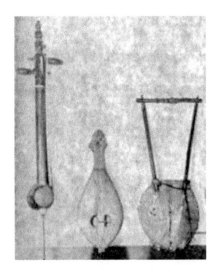

Die Ovale und mit ovaler Form

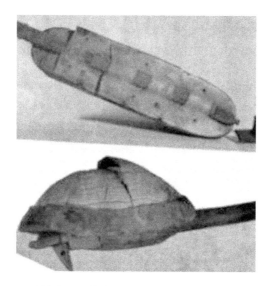

Mit sehr langem Hals und das gitarrenförmige Instrument.

Die alten Ägypter nutzten Tanboura-Streichinstrumente in unbegrenzter Vielfalt, die über verschiedene Variationen in Klang und Design verfügten:

A. Gehäuseformen: Die Form der Gehäuse variierte von einem Oval bis zu einem mit leicht gekrümmten Seiten wie das der heutigen Gitarren oder Violinen. Sie waren auch wie ein Schildkrötenpanzer oder eine Birne geformt, mit einem flachen oder leicht abgerundeten Rücken. Sie alle hatten Schalllöcher – in der Oberseite oder dem Instrumentenkörper.

B.Saiten und Abstimmung: Stimmzapfen sind deutlich auf den hieroglyphischen Symbolen zu sehen. Gefundene Instrumente zeigen die Verwendung von 2-5 Zapfen an, die normalerweise Quasten haben, die von ihnen herunterbaumeln. Die Stimmzapfen von einigen Tanbouras sind wie der Buchstabe T geformt und werden von vorne oder von der Seite eingefügt.

Viele Instrumente wurden in den Gräbern ohne Zapfen oder Saiten begraben. Die altägyptischen Tanbouras hatten zwei, drei, vier, fünf oder sechs Saiten, die aus Katzendarm, Seide oder Schwanzhaaren der Pferde gemacht wurden. Saiten wurden in verschiedenen Dicken hergestellt. Wenn alle Saiten eines Instruments gleich dick waren, wurde für jede Saite ein Stimmzapfen benötigt.

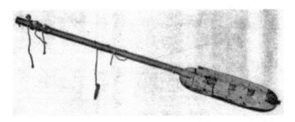

Wenn die Dicke der Saiten proportional variiert wurde, um die verschiedenen musikalischen Verhältnisse zwischen den Saiten zu liefern, waren weniger Stimmzapfen erforderlich. Dann konnte ein Stimmzapfen mehrere Saiten (von unterschiedlicher Dicke) steuern, die unisono/im Einklang abgestimmt werden konnten. Die tanbouraähnlichen Instrumente wurden mit Plektrum oder Bogen gespielt.

C.Länge des Halses: Einige Instrumente haben den langen Hals einer Gitarre, oder den kurzen Hals einer Laute oder Oud. Die Länge des kurzen Halses genauso kurz wie der Resonanzkörper. Die Länge des langen Halses betrug bis zu 120 cm wie bei Harmoses Instrument.

D. Griffleiste/Griffbrett: Der Musiker verkürzte die Vibrationslängen der Saiten, indem er sie gegen den Hals drückte, um Noten von unterschiedlicher Tonhöhe zu erzeugen.

Um das Stoppen der erforderlichen verkürzten Länge der Saite zu unterstützen – um eine bestimmte Tonhöhe zu erzeugen – besaßen die meisten Instrumente Bünde in einer Vielzahl von Formen, um ein flexibles Spiel zu ermöglichen. Da die Bünde den Spieler auf bestimmte Positionen beschränkten, blieben die Streichinstrumente, die von den gut ausgebildeten Musikern gespielt wurden, oft ohne Bünde, so dass der Finger frei am Griffbrett entlang gleiten konnte.

Die Griffbrette der altägyptischen Instrumente …

1. waren leicht angehoben, durch das Verschieben der Bünde. (d. h. es bildete keine gerade Linie mit dem Resonanzkörper, es lag etwas höher)

2. waren leicht markiert. Die Saiten waren dünn genug und ausreichend hoch über dem Griffbrett, um bequem durch zusätzlichen Druck die Tonhöhe nach oben zu treiben.

3. wurden nur an einigen großen Intervallen durch Bänder markiert, um sowohl Führung als auch Flexibilität zu ermöglichen. Darüber hinaus gab es mobile Bünde, die die Oktave in kleinere Schritte, wie z. B. 10, 17, 22 oder mehr Abschnitte unterteilten. Es folgt ein Beispiel von Nakhtamun, Luxor (Theben) [14. Jahrhundert v.Chr., Grab 341].

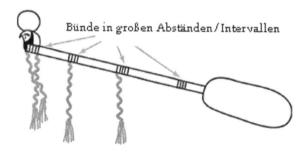

Bünde in großen Abständen / Intervallen

[Weitere Beispiele später in diesem Kapitel.]

4. waren manchmal auf die obere Hälfte des Halses beschränkt, oder erstreckten sich manchmal am Hals entlang bis zum Körper des Instruments. [Einige Beispiele werden später in diesem Kapitel gezeigt.]

Die Flexibilität der Grifftechniken ermöglicht:

1. die Auswahl einer der drei Arten von Tetrachorden und Rahmenbedingungen [lesen Sie hierzu *The Enduring AncientEgyptian Musical System* oder seine ältere Ausgabe *Egyptian Rhythm: The Heavenly Melodies*, beide von Moustafa Gadalla].

2. eine Erweiterung der Kapazität des Instruments, zahlreiche Töne zu erzeugen. Und demgemäß verringert sich die Notwendigkeit mehr und verschiedene Streichinstrumente – im musikalischen Ensemble – einzusetzen, um die verschiedenen Tetrachorde und Tonarten zu erhalten.

Zweisaitige Tanboura

Zwei Saiten waren in der Lage, eine große Anzahl von Noten zu produzieren. Zum Beispiel, wenn diese beiden Saiten in Quartstimmung abgestimmt würden, würden sie genau die Reihe von Klängen produzieren, die „Heptachord" genannt werden, der aus einer Kombination von zwei benachbarten Tetrachorden besteht, wie B, c, d, e; E, f, g, a; und wenn man die Saiten dieses Instruments in Quintstimmung abstimmt, würden sie eine Oktave erzeugen, die aus zwei getrennten Tetrachorden besteht.

Dieses typisch ägyptische Instrument (das dem hieroglyphischen Symbol ähnelt) beweist, dass die alten Ägypter Wege gefunden hatten, um ihre Tonleiter zu erweitern und die Klänge einiger Saiten mit den einfachsten und praktischsten Mitteln zu vervielfachen.

Beispiele aus den zahlreichen altägyptischen Darstellungen enthalten:

1. Eine zweisaitige Tanboura mit Bünden, die in einer Musikszene in Luxor (Theben) [Grabmal 80, ca. 1450 v. Chr.] dargestellt ist.

2. Ein zweisaitiges Instrument, das in einer Musikszene eines Grabes in Luxor (Theben) [Grabmal 341, 14. Jh. v. Chr.] erscheint.

Dreisaitige Tanboura

Drei Saiten waren für die altägyptischen tanbouraartigen Instrumente üblich.

Sie wurden in der Quarte, Quinte und Oktave gestimmt. Wenn jede Saite in der Quarte abgestimmt ist, kann die Tanboura einen Umfang von 2 Oktaven erreichen.

Ein Beispiel für dieses Instrument wurde im Grab des Harmoses gefunden.

Eine der populärsten Typen im alten Ägypten war das Te-bouni, ein banjoartiges, dreisaitiges Instrument mit mondförmigem Körper und Pergamentkopf.

Viersaitige Tanboura

Der altägyptische Obelisk [jetzt in Rom], der ca. 1500 v. Chr. gebaut wurde, zeigt eine Tanboura mit vier Stimmzapfen [hier dargestellt].

Viersaitige tanbouraähnliche Instrumente können alle gleichdicke Saiten haben, wobei sie dann in der Quarte gestimmt wurden, um einen Umfang von ein oder zwei Oktaven zu erreichen.

Die vier Saiten mit unterschiedlichen Dickenverhältnissen von 6, 8, 9, 12 (unisono/im Einklang abgestimmt) können alle notwendigen vier Tonhöhen der Oktave, Quarte, Quinte und „Sesquioktave" *(also eineinhalb Oktaven)* (9:8) liefern.

Das viersaitige Instrument ist im heutigen Ägypten immer noch beliebt.

Kurzhalsige Laute (heutige Oud)

Die alten Ägypter waren mit einer Art Kurzhalslaute mit einem stabilen birnenförmigen Körper und einem breiten Griffbrett vertraut. Die Anzahl der Saiten reichte von zwei bis sechs Saiten. Zwei Lauten dieser Art kamen aus altägyptischen Gräbern in Luxor (Theben) [datiert ca. 16. Jh. v. Chr., jetzt im Berliner Museum] und sind 35 cm und 48,5 cm lang. Die Kleine, die hier gezeigt wurde, hatte 2 oder möglicherweise 3 Saiten. Die Größere hatte 4 Saiten.

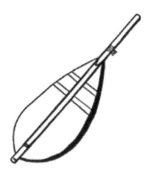

Die bekanntesten dieser Kurzhalslauten hatten/haben vier Saiten. Zusammen mit den Bünden war das Instrument in der Lage, das beliebteste 17-Intervall-Framework (*d. h. nur 17 Vierteltöne aus dem Gesamttonumfang, den die Ägypter kannten*) zu produzieren. Dieses Instrument ist heute in den arabisch/islamisierten Ländern bekannt.

Zusätzlich zu den oben genannten ägyptischen Instrumenten [jetzt im Berliner Museum], hier noch einige andere Beispiele für dieses altägyptische Instrument:

- Eine Kurzhalslaute wird in einer Statuette eines Lautenspielers gezeigt [Neues Reich ca. vor 3.500 Jahren, jetzt im Museum von Kairo, Katalognr. 773].

- Eine Statuette aus verbranntem Ton zeigt einen Musiker, der eine Kurzhalslaute spielt [19-20. Dynastie, Museum von Kairo, Katalognr. 38797].

Die ägyptischen Gitarren

Die ägyptische Gitarre bestand aus zwei Teilen: einem langen flachen Hals oder Griff und einem hohlen ovalen Körper. Gitarren finden sich in zahlreichen altägyptischen Gräbern aus allen Epochen.

In der Qarara-Region, die auf das Mittlere Reich datiert [ca. 2000 v. Chr.], wurden vier altägyptische gitarrenähnliche Instrumente mit vielen Rillen/Kerben im Griffbrett gefunden. Neben einem Instrument in Heidelberg findet sich im Kairoer Museum ein weiteres Instrument, neben einem zusätzlichen im *Metropolitan Museum of Art* in New York und einem kleineren in der Sammlung von Moeck, Celle. Sie sind für drei bis sechs Saiten ausgelegt.

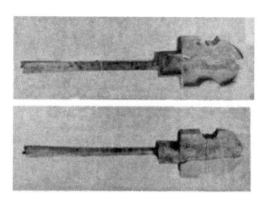

Alle diese Instrumente sind aus einem Stück gemacht, nur die Hälse der größeren Beispiele sind durch zusätzliche Teile verlängert, und alle Instrumente wurden mit zahlreichen Bünden versehen.

Der moderne Name Gitarre (Chitarra) ist von einem alten Instrument dieser Art abgeleitet. Ihr stark nach oben gezogener und geschlossener Resonanzkörper (ohne Schalloch) war der Archetyp für die heutige Gitarre.

Ein paar Beispiele für die Vielfalt der Tanboura

1. Ein tanbouraartiges Instrument mit sieben Bünden ist in einem altägyptischen Grabmal aus dem Alten Reich [vor 4.500 Jahren, jetzt im Berliner Museum] dargestellt. Der Interpret konnte daher auf jeder Saite acht verschiedene Intervalle erzeugen. Die Zwischenräume zwischen den Bünden sind in verschiedenen Farben angemalt.

2. Langhalsige Gitarren, die durch einen langen, erweiterten und nur leicht „eingedellten", also nach innen gekrümmten, Resonanzkörper gekennzeichnet sind, sind in einer Musikszene im Grabmal von Pahekmen in Luxor (Theben) [Grab # 343] aus der 18. Dynastie [ca. 16. Jahrhundert v. Chr.] abgebildet.

3. Ein tanbouraähnliches Instrument mit einem 62 cm langen Hals wurde im Grab 1389, in Luxor (Theben) gefunden. [18. Dynastie, ca. 16. Jh. v. Chr., jetzt im Kairoer Museum, Katalognr. 69420.] Der Körper besteht aus einem Schildkrötenpanzer/Schildpatt.

4. Eine große Form eines langhalsigen tanbouraähnlichen Instruments, mit einem 120 cm langen Hals, wurde im Grab des Harmoses gefunden [in Theben, Dêr el-Bahari, 16. Jahrhundert v.Chr., jetzt im Museum von Kairo , Katalognr. 69421]. Das Instrument wurde aus einem hölzernen, halb mandelförmigen Resonanzkörper hergestellt. Seine drei Saiten wurden am unteren Ende an einen speziellen Vorsprung gebunden. Dann liefen die Saiten eine höhere Vorrichtung entlang, die hin- und herbewegt werden konnte.

5. Zwei Spieler, die ein tanbouraähnliches Instrument spielen, werden auf einem Abschnitt einer Wandmalerei im Grab von Rekhmire [ca. 1420 v.Chr., Luxor (Theben)] gezeigt.

6. Langhalsinstrumente werden von einer Gruppe als Teil einer Prozession gespielt, wie es im Tempel von Luxor aus der Zeit von Tut-Ankh-Amen [ca. 1350 v. Chr.] dargestellt wird.

7. Eine Musikszene aus dem Grab von Nebamun [Luxor (Theben), 15. Jh. v.Chr., jetzt im Britischen Museum] zeigt zwei Typen: eine langhalsige Gitarre mit langem mandelförmigen Resonanzkörper und eine mit einem abgerundeten Resonanzkörper. Letztere scheint aus einem Schildkrötenpanzer zu bestehen.

Beide Instrumente sind mit Griffbrettern versehen. Eine hat 8 sichtbare Bünde, die auf halbem Weg den Hals hinunter beginnen. Die andere hat 17 sichtbare Bünde. [unten dargestellt]

8. In Luxor (Theben) [Grabmal 52, 15. Jh. v. Chr.] ist ein langhalsiges tanbouraähnliches Instrument dargestellt, das nach Nakht benannt ist. Das Instrument hat neun Bünde an

seinem langen Hals, die mit Bändern markiert sind. Dieses Instrument bietet einen Tonumfang von nur 10 der damals bekannten Tönen.

Bünde / Bundstäbe

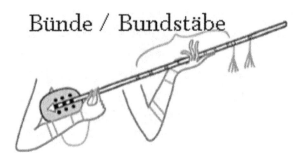

Die Messung der sichtbaren (nicht durch die Hand des Spielers blockierten) Abstände zwischen einigen abgebildeten Bünden ergeben die folgenden Intervalle (in Cent): 134-114-341-202-272, d. h. 6-5-15-9-12 ägyptische Kommas. Die gemessenen Intervalle stimmen wieder mit dem ägyptischen musikalischen Komma als Maßeinheit überein. Es zeigt auch das Doppeloktavensystem mit einem Abstand von einem musikalischen Komma *(D. h. es wurde über 2 Oktaven gespielt mit einem Tonabstand (Komma), der noch kleiner ist als ein Halbton, Anm. d. Ü.)*

Streichinstrumente (Kamanga, Rababa)

Es gibt mehrere Arten und Formen von Streichinstrumenten, aber sie alle folgen dem Prinzip der frei schwingenden Resonanzsaiten, die gestrichen oder gezupft werden können. Streichinstrumente hatten 1, 2, 3 oder 4 Saiten. Zwei und vier Saiten kommen am häufigsten vor.

Die Saiten der Instrumente sind genau wie die Bögen aus dem Schwanzhaar von Pferden gemacht. Pferde haben eine wichtige Rolle im musikalischen Leben der Alten und Baladi-Ägypter gespielt. Mehrere altägyptische Instrumente sind mit Figuren von Pferden geschmückt. Die Schwanzhaare der Pferde – reichlich vorhanden und jedermann zugänglich – wurden zur Musikerzeugung verwendet.

Die typische Art, alle Arten und Größen von Streichinstrumenten der Alten und der Baladi- Ägypter zu spielen, besteht darin, den Instrumentenkörper auf dem Oberschenkel oder auf dem Boden zu halten, und nicht unter dem Kinn, egal wie klein das Instrument ist. Die ägyptische Art ermöglicht mehr Kontrolle sowie die Möglichkeit, das Instrument zu drehen (schwenken), um exakt die gewünschte Tonhöhe und Tondauer zu erzeugen.

Altägyptische Gräber zeigen diesen ägyptischen Stil des Spielens der Streichinstrumente. Im Grab von Rekhmire [15. Jh. v.Chr., Luxor (Theben), Grab 100] wird eine Musikerin dargestellt, die das Saiteninstrument spielt (streicht). Eine ähnliche Szene findet sich in einem anderen Grab, wo das Instrument auf dem Oberschenkel des Spielers ruht.

Streichinstrumente heißen *Kamanga*. Sie hatten/haben quadratische oder rechteckige Körper und leicht abgerundete Rücken. Die Form und Struktur der Kamanga ist die gleiche wie die der späteren Violine.

Streichinstrumente mit zwei Saiten heißen *Kleine Kamanga* oder *ra-ba-ba* – ein ägyptischer Begriff, der „die Zwillingsseele (ba-ba) des Schöpfers (Ra)" bedeutet. Die Zwillingsseele (baba) wird mit zwei Saiten dargestellt.

Die rababa ist eine Geige mit einem langen bundlosen Hals, und sie kann gezupft oder gestrichen werden. Sie hat einen kurzen, schmalen und kelchförmigen Körper.

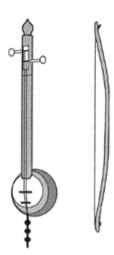

Rababas sind sehr günstig herzustellen, da sowohl die Saiten als auch der Bogen aus Pferdeschwanzhaar gemacht sind. Der Resonanzkörper kann aus einer geschnitzten Kokosnussschale oder aus Holz sein.

Die Bögen der Rababa und Kamanga bestehen aus einem flexiblen, elastischen, leicht gebogenen Stab und Rosshaar.

Streichinstrumente (wie Kamanga und Rababa) begleiteten/ begleiten Geschichtenerzähler in Ägypten, weil ihre Töne dem Klang der menschlichen Stimme am nächsten kommen.

>> Mehrere Fotos zur Ergänzung des Textes dieses Unterkapitels finden sich in der digitalen Ausgabe dieses Buches, wie es in PDF- und E-Book-Formaten veröffentlicht wird.

KAPITEL 3 :
BLASINSTRUMENTE

Die altägyptischen Blasinstrumente können allgemein unterteilt werden in:

1. Instrumente, in denen die Luft in einem Hohlrohr schwingt, wie: die Flöte, die Pfeife, die gewöhnliche Orgelpfeife, etc.

2. Instrumente, bei denen ein einziges Rohrblatt Vibrationen verursacht, wie: Klarinette, Bassklarinette, Rohrblattorgelpfeifen etc.

3. Instrumente, bei denen ein doppeltes Rohrblatt Vibrationen verursacht, wie die Oboe und die Doppelrohrblattpfeife.

4. Instrumente, in denen elastische Membranen eine stehende Welle im Instrument (Lippen in einem Mundstück) in Bewegung setzen, wie: Trompete, Posaune und Tuba. Die meisten Rohre der Pfeifen/Flöten haben äquidistante, also gleich weit voneinander entfernte Fingerlöcher.

Die verschiedenen Tonleitern und Noten werden durch die Größe der Löcher, den Atem, den Fingersatz oder ein spezielles Gerät sowie Spieltechniken erzeugt, die in diesem Kapitel beschrieben werden.

3.1 DIE MAGISCHE NAY (LÄNGSFLÖTE)

**[Gezeigt wird eine Flöte aus einem Grab in der Nähe der
Pyramiden – 4. Dynastie]**

Nays werden aus den Schilfpflanzen hergestellt, die reichlich
an den Ufern der zahlreichen Bewässerungskanäle im Niltal
wachsen. Mit dieser sehr einfachen Pflanze konnten die Ägypter
(damals und heute) einen unglaublichen Tonumfang erzeugen.
Kein Instrument hatte/hat einen körperloseren Klang, ein
süßeres „Sostenuto", ein tiefer empfundenes „Vibrato".

Die antike und neue ägyptische Nay unterscheidet sich
besonders durch zwei Dinge von der bekannten heutigen Flöte:

1. die Nay wird nur aus Schilf gemacht und die Flöte ist aus
Holz oder Metall.

2. die Nay wird am Ende geblasen und die Flöte wird an
einem Ende gegriffen und über ein seitliches Loch geblasen.
Es gibt auch Unterschiede zwischen der Nay (Längsflöte)
und den Pfeifen in Bezug auf Länge, Anzahl und Sitz der
Fingerlöcher, etc.

Die Klänge der ägyptischen Nay werden durch das Blasen durch
eine sehr kleine Mundstücköffnung gegen den Rand der
Öffnung des Rohres erzeugt, was die Luft direkt hineinleitet.
Durch das Öffnen und Schließen der Fingerlöcher ändert sich
die stehende Welle der Luft darin, was die unterschiedlichen
Tonhöhen ergibt.

Die daraus resultierenden Klänge liefern Melodien – stufenweise und sprunghaft, lebhaft, langlebig, staccato, legato, mit zartem Pulsieren und überschäumenden Kaskaden.

Die ägyptische Nay veränderte ihr Aussehen im Laufe der ägyptischen Geschichte nur geringfügig. Es ist heutzutage eines der beliebtesten Instrumente in Ägypten. Nays werden in sieben verschiedenen Längen zwischen 37,5 und 68 cm hergestellt. Die Konstruktion und die Abmessungen der Fingerlöcher der heutigen Nays halten sich immer noch an die folgenden gleichen Prinzipien wie die des alten Ägyptens:

1. Sie werden immer aus dem oberen Teil der Schilfpflanze geschnitten.

2. Jede Nay besteht aus einem neunknotigen Rohrstück.

3. Jede Nay hat sechs Löcher auf der Vorderseite und ein Loch auf der Rückseite. Die typische Ansicht der Finger- und Daumenlöcher ist unten dargestellt:

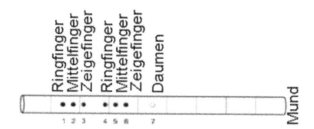

Die ägyptische Flöte (Nay) gilt als vertikale Flöte. Die vertikalen Flöten haben/hatten viel mehr musikalische Möglichkeiten als die „Kernspaltflöte" (*Vorläufer unserer Blockflöte*). Da er in der Lage war, den Anblaswinkel auf den Flötenrand zu variieren, konnte der Spieler dem Ton mehr Ausdruck verleihen.

Spieler der Nay richten das Instrument (bis zu einem gewissen Grad) nach rechts, links und gerade aus, wie hier gezeigt. Die Spieler waren/sind in der Lage, durch die Bewegung oder das Aussetzen des Blasluftstroms endlose Zwischentöne zu erreichen.

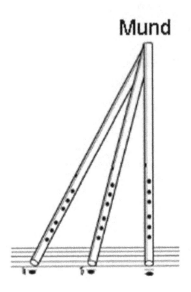

Mund

Durch das Blasen mit mehr oder weniger Kraft, entstehen die Töne eine Oktave höher oder niedriger. Durch die oktavierende Blastechnik kann der Musiker über mehr als drei Oktaven hinweg spielen.

Der Spieler braucht eine beträchtliche Finesse. Um einen gewünschten Ton zu erzielen, muss der Spieler die Stärke und die Richtung seines Atems, die Spannung seiner Lippen, die Bewegung seiner Zunge und die Position seiner Lippen und des Kopfes kontrollieren, koordinieren und beeinflussen sowie die Fingerlöcher in verschiedenen Kombinationen öffnen oder schließen.

Da eine einzelne Nay mit einer gewissen Länge nur eine begrenzte Anzahl von Tonhöhen liefern kann, verwenden die ägyptischen Musiker (damals und heute) einen Satz von sieben Nays unterschiedlicher Länge, um die Tonalität zu verändern und/oder die Tonhöhe durch Erhöhen oder Verringern der Töne zu ändern. Ein Satz von sieben Nays ergänzt sich gegenseitig, um eine ganze und vollständige Palette von sehr kleinen Noten im Bereich mehrerer Oktaven zu liefern.

Der Spieler verwendete/verwendet einen Satz von sieben Längen, die sich in einem Gehäuse befinden, um alle tonalen Anforderungen zu erreichen. Die sieben Längen der ägyptischen Nays sind: 68, 60, 54, 51, 44 ½, 40 ½ und 37 ½ cm.

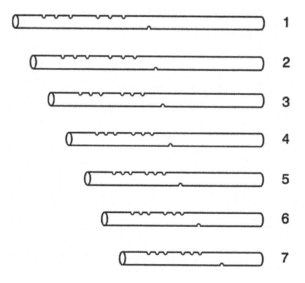

Ägyptische Flöten aus dem Tempel von Armant III aus dem Mittleren Reich [20. Jahrhundert v. Chr.], enthalten (nach C. Sachs) Intervalle (in Cent) von 248 (11 ägyptischen Kommas), 316 (14 Kommas), 182 (4 Kommas) mit einem Gesamtumfang einer reinen Quinte von 702 Cent (31 Kommas).

Die Messungen zwischen den Fingerlöchern (ohne Berücksichtigung der verschiedenen Spieltechniken) der untersuchten altägyptischen Nays zeigen, dass mehrere eng abgestufte Tonleitern bekannt waren, mit Intervallen von weniger als ¼ Ton (entspricht zwei ägyptischen musikalischen Kommas).

Mehrere dieser altägyptischen Instrumente sind in Museen und privaten Sammlungen auf der ganzen Welt verstreut. Einige Beispiele für gefundene und/oder abgebildete Nays beinhalten:

- Eine Schieferpalette [ca. 3.200 v.Chr., jetzt im *Ashmolean Museum in Oxford,* inmitten von 48 ägyptischen Musikinstrumenten] zeigt eine Reihe von Tieren. Unter ihnen ist ein Schakal, der eine Nay spielt.

- Im Grab von Nencheftka, in Saqqara [5. Dynastie – ca. 2400 v. Chr., jetzt im Museum von Kairo] ist ein Spieler dargestellt.

- Unterschiedlich lange Nays aus Saqqara [jetzt im Museum in Kairo, Katalognr. 69815 und 69816].

- Ein Relief aus dem Grab von Nekauhor in Saqqara [2390 v. Chr., jetzt im Metropolitan Museum of Art, New York].

- Darstellungen in mehreren Gräbern in Luxor (Theben) aus der 18. Dynastie.

Die ägyptische Nay war/ist wichtig für die Funktionen im Zusammenhang mit den Themen Wiedergeburt/Erneuerung. Die Nay (Flöte) behält weiterhin ihre mystische Bedeutung bei. Die bekannteste Nay der modernen Ägypter ist die „Derwisch Nay", weil sie von der mystischen Gemeinschaft der Derwische gespielt wird, um die singenden und tanzenden Mitglieder während ihrer mystischen Aktivitäten zu begleiten.

3.2 QUERFLÖTE

Die alten Ägypter waren mit Querflöten vertraut, die horizontal gehalten und von der Seite geblasen wurden/werden. Die Querflöte wird in der altägyptischen Musikszene seit der 4. Dynastie [2575-2465 v.Chr.] verwendet, wie die obige Szene aus einem Grab in der Nähe der Pyramiden von Gizeh zeigt.

Mehrere andere Darstellungen finden sich in altägyptischen Gräbern, wie zum Beispiel eine Illustration eines ägyptischen Querflötenspielers [jetzt im Pelizaeus Museum Hildesheim].

Das altägyptische Instrument hatte ein ausgezeichnetes Mundstück, das verwendet wurde, um den Atem gleichmäßig zu verteilen und das auch als Windkammer fungiert.

Einige altägyptische Querflöten aus Bronze, mit den oben erwähnten Mundstücken, sind im Museum von Neapel untergebracht. Andere ähnliche Flöten wurden im südlichen Ägypten in Richtung Meroe gefunden.

3.3 PANFLÖTE

Panflöten waren/sind ein Satz von abgestuften Röhrchen, in der Regel sieben in der Zahl, die jeweils einer einfachen vertikalen Flöte ähneln. Jedes Röhrchen wird/wurde am unteren Ende gestoppt und hat keine Fingerlöcher. Sie waren alle zusammengebunden, um eine Art Floß zu bilden. Die oberen Enden bildeten eine horizontale Linie, sodass der Spieler seinen Mund daran entlangbewegen konnte, so wie es die Note erforderte

Panflöten in „Floß"-form

Es wurden zahlreiche altägyptische Gefäße für geweihtes Öl oder Kosmetik gefunden, die wie Panflöten geformt waren. Sie stammen aus dem Neuen Reich, was beweist, dass diese Instrumente damals bereits existierten.

Panblöten in „Bündel"-form

Relativ wenige Instrumente dieser Art wurden ausgegraben. Eine gut erhaltene Panflöte wurde in einem Sobek-Tempel bei Fayoum geborgen. Eine weitere Panflöte wird in den *Objects of Daily Use* (Gegenständen des täglichen Gebrauchs) von Flinders Petrie dargestellt.

3.4 ROHRPFEIFE (KLARINETTE)

Flöten aller Art wurden aus den Schilfpflanzen hergestellt, die in der Nähe der ägyptischen Bewässerungskanäle reichlich vorhanden sind.

Die ägyptische Rohrpfeife (Klarinette) enthält ein Rohrblatt in der Nähe des Mundloches, das vibriert, wenn man direkt in das Loch des Rohres bläst. Der Atem wird durch einen Holz- oder Elfenbeinschnabel geleitet, auf eine scharfe „Lippe", die in das Rohr geschnitten wird.

Die ägyptische Rohrpfeife war genauso alt wie die Nay. Sie bestand aus einem geraden Rohr, ohne Erweiterung am Mundstück. Die Rohrpfeifen unterscheiden sich von der Nay in ihrer Bauart, wie Länge, Anzahl der Löcher, etc. Es gibt zwei ägyptische Rohrpfeifen [jetzt im Britischen Museum], die 23 und 38 cm lang sind, und andere [jetzt in der Leiden – Sammlung], die in der Länge von 18 bis 38 cm variieren.

Die Pfeifen hatten äquidistante Fingerlöcher. Einige der Rohrpfeifen haben drei Löcher, andere vier, wie es bei den 14 altägyptischen Pfeifen der Fall ist, die derzeit in Leiden ausgestellt sind. Um eine Tonleiter zu produzieren, muss der Spieler die Größe des Loches, den Atem, den Fingersatz oder spezielle Spieltechniken überwachen.

Das Verhältnis zwischen den Fingerlöchern (ohne Berücksichtigung anderer Spieltechniken) ergibt die folgenden Intervalle ägyptischer Instrumenten, die ausgestellt sind in/im:

- Leiden-Museum [# 475 und 477] -12: 9: 8: 7: 6 Zwölftel;
- Turin [# 8] und Berlin [# 20667] -12: 11: 10: 9: 8 Zwölftel;
- Turin [# 12] -14: 12: 11: 10: 9: 8: 7 Vierzehntel;
- Turin [# 11] -11: 10: 9: 8: 7: 6 Elftel

3.5 GEDOPPELTE ROHRPFEIFE (MIT EINEM MELODIEROHR UND EINEM BORDUNROHR)

Zahlreiche altägyptische Rohrpfeifen und gedoppelte Rohrpfeifen wurden aus Gräbern geborgen und sind jetzt in Museen auf der ganzen Welt verstreut.

Es gab verschiedene Arten von Doppelpfeifen im alten Ägypten, einige hatten nur ein Blasloch, andere zwei, die aber so nahe beieinander angeordnet waren, dass es dem Spieler möglich war, beide Pfeifen gleichzeitig zu blasen.

Das Mundstück einer Pfeife besteht aus einem dünnen Rohr, das am oberen Ende geschlossen ist. Eine Zunge wird in das Rohr geschnitten und vibriert im Mund des Spielers. Die Rohre sind entweder gleich lang, oder eines ist kürzer als das andere. Sie werden gleichzeitig geblasen und unisono/im Einklang gespielt. Manchmal hat eine Pfeife Fingerlöcher, während andere keine haben. Manchmal diente eine der Pfeifen als brummende Begleitung (*Anm. d. Ü. „Bordun", tiefer Halteton zur Begleitung, „Brummbass"*), dann waren ihre Löcher mit Wachs verstopft.

Die Ägypter legten gelegentlich kleine Stöpsel oder Röhrchen in einige der Fingerlöcher, um die Reihenfolge der Intervalle zu regulieren, oder die Tonart, in der sie sie ausführen wollten. Da die Anordnung der Fingerlöcher (und damit die Töne) einander nicht ganz entsprechen, gibt es gewisse verzögernde Effekte, sowie schärfere und durchdringendere Töne als es bei gewöhnlichen Instrumenten der Fall ist.

Diese durch den „Brummbass" (Bordun) begleitete Spielart wird durch drei Fakten bestätigt:

Durch die Darstellung der besonderen Anordnung der Finger der Spieler in ägyptischen Kunstwerken;

Durch die gegenwärtige Praxis in Ägypten;

Durch die Ausgrabung einer Pfeife, bei der alle Fingerlöcher bis auf eines mit Wachs verschlossen waren.

Pfeifen mit vielen Fingerlöchern wurden für das Spielen von Melodien verwendet, die anderen für die Herstellung eines begleitenden Tons ähnlich dem Brummen des Dudelsackes.

Die Doppelrohrpfeife erlaubt verschiedene Spielarten:

1. abwechselndes Spiel
2. Oktavenspiel
3. eine Melodie mit einem „Orgelpunkt" entweder unten oder oben,
4. „Duettspiel", d. h. das gleichzeitige Spiel von zwei Melodien, egal ob rhythmisch verschieden oder verwandt.

Die mystische ägyptische Bruderschaft der Derwische hat sich auf das Spielen der Doppelrohrpfeifen spezialisiert.

Hier folgt ist ein Überblick über die verschiedenen Arten von Doppelrohrpfeifen des alten (und heutigen) Ägyptens:

a. **Doppelklarinette** ist der gebräuchliche Name für das Instrument, das aus zwei parallel zueinanderliegenden und miteinander verbundenen gleich langen Rohren/Pfeifen besteht. Die Rohre werden aus der fruchtbaren Schilfpflanze hergestellt.

Doppelklarinetten sind auf Reliefs [von 2.700 v.Chr.] dargestellt, wie zum Beispiel im Grab von Nencheftka [5. Dynastie, Saqqara, jetzt ausgestellt im Kairoer Museum, Katalognr. 11533, hier gezeigt], die eine Doppelklarinette aus zwei Rohren zeigt, die gleich lang und identisch geschnitzt sind.

Diese Darstellung sieht genauso aus wie die *Zummara* – ein beliebtes ägyptisches Instrument, das heute in der Volksmusik benutzt wird. Die Position der Finger und die Haltung beim Spielen stimmen ebenfalls mit der modernen Praxis der Musik überein..

Die antike (und heutige) Doppelklarinette aus Ägypten besteht aus zwei Schilfrohren, die längs nebeneinander geklebt und gebunden sowie mit äquidistanten und symmetrisch angeordneten Fingerlöchern (4, 5 oder 6) in jedem Rohr versehen sind. In die oberen Enden werden kleinere Rohre eingefügt, aus denen durch einen dreiseitigen Schlitz die Zunge geschnitten wird. Der Spieler stoppt die entsprechenden Löcher beider Rohre gleichzeitig mit einem Finger, und da die Löcher, die grob in ein unebenes Zuckerrohr geschnitten sind, leicht unterschiedliche Tonhöhen erzeugen, ist der Effekt ein pulsierender Klang wie im modernen abendländischen Orgelregister, unda maris.

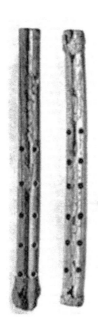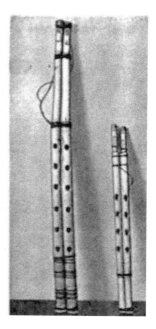

Wie beim Glasblasen wird ausschließlich durch die Nase geatmet, während der Mund einen ständigen Luftstrom aussendet. Eine andere Art von Blasen wird für die Änderung von Timbre und Stärke verwendet, und der Klang wird mit anhaltender Stärke und schrillem Klang ausgestoßen.

Die ägyptische Doppelklarinette gibt es in zwei Varianten, basierend auf der Art des Mundstücks:

1. die *Zummara*, bei der das vibrierende Rohrblatt aus dem

unteren Ende des Mundstückes geschnitten ist. Diese Version erlaubt das Spielen von hohen Noten, die durch das horizontale Halten des Instruments sowie Überblasen erzeugt werden.

2. die Mashurah, bei der das Rohrblatt vom oberen Ende geschnitten ist. Das Instrument wird in einem abwärts geneigten Winkel gehalten und erzeugt so niedrigere Noten.

Einige Beispiele für gefundene und/oder abgebildete Rohrpfeifen sind unten aufgeführt:

- Die Doppelklarinette ist in den altägyptischen Musikszenen seit dem Alten Reich [4. Dynastie] dargestellt.

- Eine Doppelklarinette in einem Relief im Grab von Nekauhor [Saqqara, 5. Dynastie, jetzt im Metropolitan Museum of Art, New York].

- Ein Doppelklarinettenspieler wird im Grab von Imery [Gizeh, Altes Reich, 5. Dynastie] dargestellt. Die Haltungen, Spieltechniken sowie die Anzahl der Fingerlöcher werden gezeigt. Eines dieser Löcher ist am Zeigefinger der weit gespreizten rechten Hand des Spielers zu sehen.

- Eine 31 cm lange Doppelklarinette aus der Zeit des Neuen Reiches [jetzt im Museum in Kairo, Kat. Nr. 69837 und 69838].

b. Doppeloboe *(Blasinstrument mit Doppelrohrblatt)* ist der gebräuchliche Name für das Instrument, das aus zwei Schilfrohren von gleicher Länge in voneinander abweichenden Positionen besteht.

Jedes Rohr hat ein Rohrblatt, das die Vibrationen verursacht. Das
Ergebnis ist eine Art von Polyfonie mit heterophonem Ausdruck.
Es gibt viele Darstellungen in altägyptischen Gräbern, die dieses
Instrument beschreiben. Einige zeigen, dass der Spieler ein Loch
auf jeder Pfeife mit einem Finger stoppt, der beide Rohre
überkreuzt.

Erhaltene Oboen, die aus der Zeit seit dem Alten Reich stammen,
wurden in Kästchen gefunden, von denen jedes ein Set aus
verschiedenen Längen enthält – von 20-60 cm. Die Anzahl der
Löcher reicht von 3 über 7 bis 11. Die heutigen ägyptischen
Oboespieler besitzen, genau wie ihre Vorfahren, auch mehrere
Instrumente, die als Set zusammengestellt werden, um alle
tonalen Anforderungen ihres Repertoires zu erfüllen.

Einige Beispiele für gefundene und/oder dargestellte Oboen sind:

• Ein köcherförmiger Behälter, entdeckt in der Nähe von Dier el-Bakhit [Grab Nr. 37, Luxor (Theben), Neues Königreich, jetzt im Kairoer Museum, Katalognr. 69836], das aus sechs Oboenpfeifen (drei Doppeloboen) bestand. Der gefundene Behälter enthielt Fragmente des Mundstücks – Oboe „Blätter" aus Stroh. Um allen tonalen Anforderungen des Spiels gerecht zu werden, platzierte der Spieler kleine Wachsklumpen in die nicht benötigten Fingerlöcher. Mehrere Fingerlöcher dieser Oboen enthalten noch diese Füllung, und in einem Fall wurde sogar ein Stück Wachs gefunden.

• Eine Doppeloboe [unten] ist im Grab von Nakht [Luxor (Theben) aus dem 15. Jh. v. Chr.] dargestellt. Das Instrument hat mehrere Fingerlöcher – einige sichtbar, andere sind von den Händen des Musikers bedeckt.

• Eine Wandmalerei aus dem Grab des 18. Dynastie (1425-1375 v.Chr.) [Luxor (Theben), jetzt im Britischen Museum, # 37948] zeigt die Doppeloboe, dargestellt mit Oboenrohren in dunkelbrauner Farbe und den hellgelben Mundstücken aus Stroh.

In der Tat, wurden Oboen gewöhnlich mit Stroh „Blättern"
geblasen, wie ausgegrabene Instrumente zeigen.

c. Arghul ist der Name des Instruments, das aus einer
Doppelklarinette mit Pfeifen unterschiedlicher Länge besteht,
die parallel zueinander liegen und und zusammengeschnürt sind.
Eines der Rohre ist viel länger als das andere. Das längere Rohr
dient als Begleitton und sorgt für einen längeren Orgelpunkt.
Das kürzere Rohr liefert die Melodieführung.

Eine der Rohrpfeifen des Arghul enthält überhaupt keine
Fingerlöcher oder eine Zahl, die bedeutend geringer ist als die
des Melodierohres. Die Bordunpfeifen sind einige Meter lang
und können nach dem Ermessen des Spielers mit maximal zwei
Erweiterungen verlängert werden, um von einer Tonart zur
anderen zu wechseln.

Zusätzliche Erweiterungen bestimmen die Größe des
Instruments (kleine, mittelgroße oder riesige Instrumente) sowie
die Anzahl der Fingerlöcher (fünf, sechs oder sieben). Wie bei
der Doppelklarinette gibt es zwei Versionen von Arghul-
Mundstücken: die Zummara und die Mashurah.

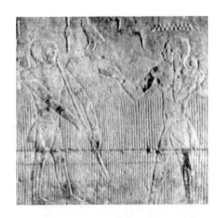

d. Andere

Das Prinzip und die Art des Doppelrohrspielens gelten auch für den Dudelsack, dessen Prototypen aus dem alten Ägypten stammen.

Auch die alten Ägypter haben die (Orgel)pfeifen (in ihrer pneumatischen und hydraulischen Form) entwickelt und benutzt.

>> Mehrere Fotos zur Ergänzung des Textes dieses Unterkapitels finden sich in der digitalen Ausgabe dieses Buches, wie es in PDF- und E-Book-Formaten veröffentlicht wird.

3.6 DIE DOPPELHÖRNER/TROMPETEN

Hörner/Trompeten waren im alten Ägypten seit frühester Zeit bekannt. Im Allgemeinen traten Trompeten im alten Ägypten immer paarweise auf. Mit den beiden typischen Hörnern: eins blies man im Morgengrauen, das andere in der Dämmerung.

Buq/Buk ist ein ägyptisches (nicht arabisches) Wort, das „Mund" bedeutet. Denn aus dem göttlichen Mund (Re) kam der göttliche Klang (Thoth) mit der harmonischen Reihe (Ober- und Untertonreihe). Das mehr oder weniger konische Horn (Albuq) hat in den spanischen Begriffen *alboque*, *alboquea* oder *albuquea* überlebt.

Die ägyptische Trompete war gerade, wie die spätere römische Tuba oder die heutige Trompete. Im alten Ägypten gab es eine Vielzahl von Trompeten. Sie waren im Allgemeinen 60-90 cm lang und aus Messing oder Bronze mit Mundstücken und mit ausgestellten Enden oder „Glocken" am anderen Ende. Das Horn/die Trompete war kein „militärisches" Instrument.

Die Klänge der Hörner/Trompeten hingen mit den Wiedergeburtsmotiven zusammen – einem Übergang von einem Zustand in den anderen. Als solche wurden sie wie folgt verwendet:

• Damals und heute während der Beerdigungsprozessionen, um die Verstorbenen „aufzuwecken" (Auferstehung). Als solche wurden sie Osiris, dem Prinzip der Auferstehung, zugeschrieben.

• Um den neuen Tag (in der Dämmerung) und das Ende der Nacht (im Morgengrauen) zu markieren/verkünden. Zwei verschiedene Hörner für zwei unterschiedliche, aber einander ergänzende Zwecke. Sie wurden beide in Tempelritualen benutzt.

• Um die Wiedergeburt zu feiern, wie bei der Neujahrsfeier.

Einige gefundene und abgebildete Trompeten beinhalten:

• Ein Trompetenspieler im Grab von Kagemni [ca. 2300 v. Chr., Saqqara].

• Eine Wandmalerei aus dem Grab von Nebamon [Luxor (Theben), Grabmal 90, ca. 1410 v. Chr.] zeigt einen Trompetenspieler, der eine Trauerprozession anführt.

• Silberne und goldene (vielleicht kupferne) Trompeten, aus dem Grab von Tut-Ankh-Amen [1361-1352 v. Chr., jetzt im Kairoer Museum, Katalognr. 69850 und 69851]. Die Trompeten [hier gezeigt] wurden getrennt voneinander gefunden.

Die silberne Trompete maß 57,1 cm, während die kupferne Trompete nur 49,5 cm lang war. Beide endeten mit ausgestellten Enden oder „Glocken". Das Verhältnis zwischen den Längen der beiden Trompeten beträgt 8: 9 – der perfekte Klang.

• Ein Trompeter der Apet (Neujahr)-Prozession ist in einem Relief im Tempel von Luxor, aus der Zeit von Tut-Ankh-Amen [1361-1352 v. Chr.] dargestellt.

KAPITEL 4 : SCHLAGINSTRUMENTE

Percussion-Instrumente können in membranophone und nicht-membranophone Instrumente unterteilt werden, d. h. ob eine Haut/Fell- oder Pergamentbespannung verwendet wird oder nicht. (*Anm. d. Ü. „Membranophon" bedeutet „Fellklinger"*)

4.1 MEMBRANOPHONE INSTRUMENTE

a. Trommeln

Das alte Ägypten hatte eine Fülle an Trommeln verschiedener Formen, Größen und Funktionen. Manche mit Fell/Haut auf einer oder beiden Seiten. Manche wurden mit Stöcken geschlagen, andere mit Fingern und Handflächen.

Wir kennen drei Hauptarten der altägyptischen Trommel.

> **1. Zylindrisch.** Diese Art von Trommel erscheint an keiner Wand in Gräbern oder Tempeln (ein Beweis dafür, dass die Vielfalt der altägyptischen Instrumente nicht auf die dargestellten musikalischen Szenen in den Gräbern und Tempeln beschränkt ist).

In den altägyptischen Gräbern wurden ein paar Trommeln gefunden. Eine Trommel [hier gezeigt, jetzt im Berliner Museum] ist 46 cm hoch und 61 cm breit. Wie andere ähnliche Trommeln, besaß sie Schnüre für die Verspannung und diese Schnüre konnten enger gezogen oder gelockert werden. Sie wurde mit zwei leicht gebogenen Trommelstöcken geschlagen. Die Ägypter hatten auch gerade Trommelstöcke mit einem Griff und einem Knauf am Ende. Einige davon befinden sich nun im Berliner Museum.

2. Kleine Handtrommel – langgestreckte Fassform von 61-91 cm Länge, an beiden Enden mit Pergament bespannt. Der Künstler konnte sie mit den Händen, Fingern oder Knöcheln an beiden Enden schlagen

3. Einfellige Trommel, welche eine kleinere Art ist. Diese

Art wurde auch selten in Gräbern dargestellt. Es gibt zwei Arten dieser Trommel. Die erste ist die Tabla/*Darabukkah* (auch Kesseltrommel genannt). Sie ist gewöhnlich 46 cm bis 61 cm lang. Die andere Art besteht aus Holz, eingelegt mit Perlmutt und Schildpatt und bedeckt mit einem Stück Fischhaut am äußersten Ende, offen am schmaleren Ende und ungefähr 38 cm lang.

Die Membran wird mit beiden Händen geschlagen. Das Trommelspiel mit den bloßen Händen, Knöcheln und Fingern hat in Ägypten eine Perfektion hinsichtlich der Technik, der Vielfalt der Klangfarben und der Kompliziertheit des Rhythmus erreicht. Ein guter Tabla/Darabukkah-Spieler muss – genau wie ein Tamburin-Spieler – die gesamten rhythmischen Muster (richtiges Timing und Tempo) im Repertoire haben.

Der Spieler schlägt die schweren Haupttakte, wie bei der Rahmentrommel, in der Mitte, während die leichten Sekundärtakte in der Nähe des Randes erzeugt werden. Wenn er die Töne auf diese Weise differenziert, kann der Trommelspieler das rhythmische Zeitmaß darstellen.

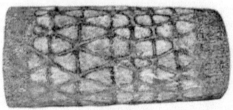

b. Tamburine

Das Tamburin (Riq/Tar) ist ein einseitig bespanntes Instrument mit einem Durchmesser von ca. 20 cm, das mit Fischhaut oder einer Ziegenfellmembran versehen ist. Auf dem Rahmen sind zehn Zimbelpaare angebracht, die innerhalb senkrechter Paare von „Beckenfenstern" montiert sind, die symmetrisch aus dem Rahmen herausgeschnitten sind. Das Tamburin wird in der linken Hand vom Daumen und den Fingern so gehalten, dass die Finger auch den Rand des Rahmens schlagen können. Die rechte Hand bewegt sich sowohl im Zentrum als auch am Rand der Membran. Diese beiden Positionen entsprechen einem leichten und einem schweren Trommelschlag, und als solche bilden sie den Rahmen für das erforderliche rhythmische Zeitmaß.

Das Daf (Duff/Duff) sowie das Riq/Riqq/Tar, ist ein Tamburin. Dieses Instrument hat jedoch einen größeren Durchmesser – ungefähr 30 cm – und einen flacheren Rahmen. Es wird nicht verwendet, um rhythmische Zeitmaßmuster („Wazn") aufzuführen

Beispiele für altägyptische membranophone Instrumente sind:

• Ein Fragment aus dem Ne-User-Re-Tempel der Sonne bei Abusir [ca. 2700 v.Chr., jetzt im Münchner Museum] zeigt die Oberseite einer großen Trommel.

• Eine 4.000 Jahre alte zylindrische Trommel [jetzt im Kairoer Museum] wurde in gutem Zustand in einem Grab in Beni-Hasan gefunden. Sie ist 65 cm lang und 29 cm breit und hat ein Geflecht von Riemen mit einer straffenden Schnur, um die Lederhäute zu dehnen. Beide Trommelfelle wurden in einer kreuzweisen Position stark zusammengezogen, die sie fest aneinander zog.

• Eine Reihe von Trommlern begleiten die Apet-Fest-Prozession, dargestellt im Tempel von Luxor, aus der Zeit von Tut-Ankh-Amen [1361-1352 v.Chr.].

• Eine gut erhaltene Trommel [datiert auf die 18. Dynastie, jetzt im Kairoer Museum Katalognr. 69355] hat die gleichen Dimensionen wie die Trommel von Beni-Hasans Grab [oben gezeigt], aber der Körper der Trommel ist aus Bronze.

• Eine quadratische Trommel ist auf einer Wandmalerei im Grabmal von Rekhmire abgebildet [Luxor (Theben), Grabmal 100, datiert auf die erste Hälfte des 15. Jahrhunderts v. Chr.]

• In vielen Museen auf der ganzen Welt [wie im Metropolitan Museum of Art in New York und dem Louvre in Paris] gibt es noch viele andere Trommeln, die in der gleichen Weise wie die oben erwähnten im Museum in Kairo gebunden werden.

• Kleine Rahmentrommeln (Riq/Tar) aus dem Neuen Reich wurden gefunden. Die meisten von ihnen waren rund, aber einige hatten vier konkave Seiten.

• Einige Exemplare ägyptischer Rundtrommeln sind in mehr als einem Museum zu sehen.

>> **Mehrere Fotos zur Ergänzung des Textes dieses Unterkapitels finden sich in der digitalen Ausgabe dieses Buches, wie es in PDF- und E-Book-Formaten veröffentlicht wird.**

4.2 NICHT-MEMBRANOPHONE (IDIOPHONE) INSTRUMENTE

a. Percussion Sticks

Percussion Sticks gelten als eine Art Klöppel. Sie wurden auf altägyptischen Vasen abgebildet, die vor 3000 v. Chr. gemacht wurden, und waren sorgfältig gezeichnet. Percussion Sticks bestehen aus zwei Stöcken, von denen jeweils einer in einer Hand oder beide in einer Hand gehalten und von den Spielern gegeneinander geschlagen werden.

Szenen des Spiels mit Percussion Sticks sind in alten ägyptischen Gräbern als Teil der Ritualtänze während der Erntezeit dargestellt. In einem altägyptischen Grab um das Jahr 2700 v.Chr. werden Landwirte gezeigt, die ihre Stöcke zusammenschlagen, während sie sich in den langen, leichten Schritten, die für einen Fruchtbarkeitsritualtanz typisch sind, fortbewegen.

Ähnliche Darstellungen finden sich in anderen Gräbern des Alten Reiches, wie zum Beispiel auf einem Relief im Grab von Neferirtenef in Saqqara [jetzt in den Royal Museums of Art and History in Brüssel].

Percussion Sticks wurden auch beim Auspressen der Trauben gespielt, wie in mehreren Gräbern dargestellt.

Derzeit kennen wir vier ähnliche Szenen. In jedem von ihnen haben wir zwei Musiker, die sich gegenüber knien, umgeben von einer ovalen Umrandung, und von denen jeder zwei Holzstücke in der Hand hält. Ein deutliches Beispiel ist auf einem Mauerrelief im Grabmal von Manderuka (Saqqara, Altes Reich) abgebildet. Während die Winzer die Trauben mit ihren Füßen auspressen, schlagen zwei andere Männer den Rhythmus mit ihren Stöcken, in jeder Hand einen.

b. Klappern

Die altägyptischen Klappern wurden bei allen möglichen Anlässen verwendet. Klappern wurden häufig benutzt, um die Musik und den Tanz zu steuern. Sie variierten leicht in ihrer Form. Einige waren aus Holz, Knochen, Elfenbein oder Muscheln, andere aus Messing (oder einem volltönenden Metall). Einige haben einen geraden Griff, der von einem Kopf oder einem anderen Ziergegenstand gekrönt wird. Manchmal ist der Griff leicht gekrümmt und doppelt, mit zwei Köpfen an den oberen Enden. Die Spitze der Klappern wurden in Form von Tierdarstellungen, Falkenköpfen, bärtigen Männern, Lotusblumen, Gazellen oder Kuhköpfen geschnitzt. Viele sind mit dem Kopf von Hathor verziert. In altägyptischen Gräbern wurden Hunderte solcher Klappern gefunden.

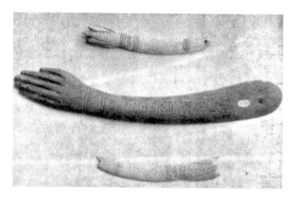

Der Musiker hielt eine Klapper in jeder Hand, und der Klang hing von ihrer Größe und dem Material ab, aus dem sie gemacht wurde. Folgende Beispiele sind dargestellt:

- Elfenbeinklappern aus der 1. oder 2. Dynastie [jetzt im Museum in Kairo, Katalognr. 69457 und 69250].

- Ein Paar Elfenbeinklappern, die wie menschliche Hände

geformt sind, aus der 18. Dynastie [jetzt im Metropolitan Museum in New York].

• Zwei Elfenbeinklappern [jetzt im Kairoer Museum, Katalognr. 69234 und 69235].

• Gerade Elfenbeinklappern in Form einer Hand [jetzt im Kairo Museum, Katalognr. 69206].

c. Sistrum/Sistras

Das altägyptische Sistrum war das heilige Instrument par excellence und gehörte in den Tempeldienst.

Es hatte in der Regel 3 bis 4 Bügel, und das ganze Instrument war 20, 40, 47 cm lang, ganz aus Messing oder Bronze. Es war manchmal mit Silber eingelegt oder vergoldet oder anderweitig verziert. Es wurde aufrecht gehalten und geschüttelt und die Ringe bewegten sich auf den Stäben hin und her.

Die Bügel des Sistrums wurden oft der Apisviper nachempfunden oder waren einfach an jedem Ende gebogen, um sie zu befestigen. Es war ein so großes Privileg das heilige Sistrum im Tempel zu halten, dass es den Königinnen und den edlen Damen übertragen wurde, die den bedeutenden Titel „Frauen von Amun" besaßen und sich dem Dienst der Gottheit verschrieben hatten.

Zahlreiche Darstellungen von Sistras wurden während der gesamten ägyptischen dynastischen Geschichte dargestellt. Es wurde eine große Anzahl von altägyptischen Sistras gefunden, die sich jetzt in den Museen auf der ganzen Welt befinden.

d. Becken (Zimbeln)

Die ägyptischen Becken/Zimbeln waren aus Messing oder aus einem Silber-Messing-Mix. Sie variierten im Durchmesser von 14-18 cm und waren genau wie die modernen Instrumente geformt, sogar bis hin zur untertassenförmigen Vertiefung in der Mitte

Zahlreiche Becken/Zimbeln wurden in altägyptischen Gräbern gefunden und sind jetzt in Museen auf der ganzen Welt verstreut. Die im Metropolitan Museum of Art in New York aufbewahrten Exemplare haben zwei verschiedenen Größen: 12 und 18 cm im Durchmesser.

e. Kastagnetten

Winzige (Finger-)Zimbelpaare waren ebenfalls im alten Ägypten in Gebrauch. In späteren Zeiten wurden diese von den ägyptischen Einwanderern nach Spanien gebracht, wo sie als Kastagnetten bekannt wurden, weil sie aus Kastanien (Castaña) hergestellt wurden. Diese winzigen Becken (Zimbeln) von 5 – 7,5 cm im Durchmesser, werden bis heute zwischen Daumen und Mittelfinger gespielt.

Kastagnetten – auch Crotala genannt – werden paarweise benutzt und beim Tanzen zusammengeschlagen. Der Begriff Kastagnetten wird hier im engeren Sinne der Klappern verwendet, deren markante Schlagseiten ausgehöhlt sind, um eine vollere Resonanz zu geben.

Die ägyptische Kastagnetten gab es in zwei Formen:

1) geformt wie ein sehr kleiner Holzstiefel, in Längsrichtung halbiert und im Beinteil ausgehöhlt, während der sich verjüngende Fußteil als Griff diente. (Stielkastagnetten)

2) fast wie die modernen spanischen Castañuelas geformt, aber weniger flach und sie sah aus wie die Kastanie, Castaña, nach der sie benannt wurde.

Zahlreiche ägyptische Kastagnetten wurden in den altägyptischen Gräbern gefunden und sind jetzt in Museen und privaten Sammlungen weltweit verstreut. Die religiöse Bedeutung von Kastagnetten zeigt sich in der musikalischen Szene von vier Musikern mit Kastagnetten, die in der Apet-Prozession im Luxor-Tempel aus der Zeit von Tut-Ankh-Amen [c. 1360 v. Chr.] dargestellt sind.

f. Glocken (Glockenspiel)

Verschiedene Arten altägyptischer Glocken wurden sorgfältig in Tuch gewickelt, bevor sie in die Gräber gelegt wurden. Eine große Anzahl dieser Glocken ist jetzt im Ägyptischen Museum von Kairo untergebracht. Von einigen dieser Glocken wurde der Klang getestet und bewiesen, dass sie ein sehr umfangreiches Spektrum an Klang- und Tonhöhen besitzen.

Sie variierten im Gewicht, um die verschiedenen musikalischen Verhältnisse von 9:8 für eine ganze Note, 3:2 für die Quinte und so weiter zu liefern. Glocken wurden hauptsächlich aus Bronze hergestellt, wurden aber auch gelegentlich aus Gold oder Silber gefertigt. Es gab sie in verschiedenen Formen. Manche haben die Form von Glocken mit einem zackigen Mund, der einen Blumenkelch darstellen soll – unter einer ganzen Reihe anderer Typen.

Diese große Menge altägyptischer Glockenformen [jetzt im Kairoer Museum, Katalognr. 32315a, b] liefert gute Beweise für die Metalllegierungen im alten Ägypten. Das Eingießloch für das flüssige Metall ist deutlich zu sehen.

Die chemische Analyse der typischen altägyptischen Glocken ergab: 82,4% Kupfer, 16,4% Zinn und 1,2% Blei.

Glocken hatten/haben eine religiöse und funktionale Bedeutung in Ägypten. Glocken wurden von den Tempelpriestern während der Tempelrituale getragen. Glocken wurden auch in den alten ägyptischen Festivals zu Ehren des Osiris verwendet.

Glocken werden als Amulette verwendet, um Menschen vor bösen Geistern zu schützen. Die Glocken werden an der Tür aufgehängt, um durch die eintretenden Personen geläutet zu werden – nicht, um den Besitzer vor ihrer Ankunft zu warnen, sondern um das Haus und den Besucher gegen die Dämonen zu schützen, die unter der Schwelle lauern.

Einige andere Darstellungen der altägyptischen Glocken sind:

- Tiere mit Glocken auf einer vordynastischen Vase, Negadah-Periode.

- Im Britischen Museum sind derzeit fünfzehn Glocken vorhanden.

- Kleine Glocken aus dem Neuen Reich [jetzt im Kairoer Museum, Katalognr. 69594].

- Szenen des inneren Teils des Tempels von Het-Heru (Hathor) in Dendera stellen die Priester dar, die Schmuckstücke tragen, die wie Glocken geformt sind, und die an ihren Outfits, ihren Fußbändern oder ihren Sandalen befestigt sind. Wieder ist die wahre Bedeutung dahinter, dass die kleine Glocke ein Amulett ist, dessen Aufgabe es ist, böse Mächte abzuwenden und die Priester in Anwesenheit von Gottheiten zu schützen

- Viele altägyptische Halsketten aus Gold und Silber bestehen aus Glockenformen, wie in mehreren Museen gezeigt.

g. Xylophon und Glockenspiel

Ein ägyptisches Instrument ist in einem altägyptischen Grab als Begleiter der Leier dargestellt. Das Instrument besteht aus einer Reihe von Metallstäben oder aus Holzplatten, die nach einer bestimmten Intervallfolge angeordnet sind. Es scheint eine Art Hackbrett zu sein. Oder, noch wahrscheinlicher, ist es ein „Harmonikon", also ein Xylophon.

>> Mehrere Fotos zur Ergänzung des Textes dieses Unterkapitels finden sich in der digitalen Ausgabe dieses Buches, wie es in PDF- und E-Book-Formaten veröffentlicht wird.

4.3 MENSCHLICHE KÖRPERTEILE (HÄNDE, FINGER, OBERSCHENKEL, FÜSSE, ETC.)

[Rhythmisches Klatschen von zwei Gruppen Männern und Frauen aus dem Grab des Dhutmos (Grab 342), (Theben) [18. Dynastie, jetzt im Britischen Museum]

Der ägyptische Klatschen mit den Händen und das Stampfen mit den Füßen hat sich zu einem frühen Zeitpunkt in ein fein abgestuftes, dynamisches und abwechslungsreiches Ausdrucksmittel verwandelt und damit in Ägypten eine zusätzliche Bedeutung erlangt, wo es zu einer hohen Kunst in ihrer Musikkultur wurde.

Ägyptisches Klatschen, Stampfen mit den Füßen und Schnippen mit den Fingern bestand aus rhythmischen Beats, egal, ob einfache oder komplizierte Rhythmen, klanglich nuanciert und dynamisch gut ausgewogen. Die tonalen Unterschiede wurden wie in Spanien mit *Palmas sordas* oder *Palmas brillantes*, d. h. mit hohlen oder flachen Händen, erzielt. Darüber hinaus und seit Urzeiten existierten alle möglichen anderen Formen von *Body Beats* (Taktschlägen mit dem Körper).

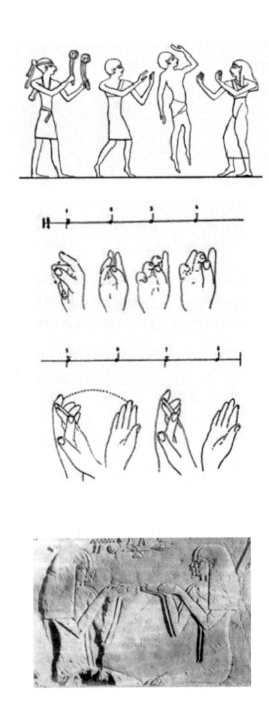

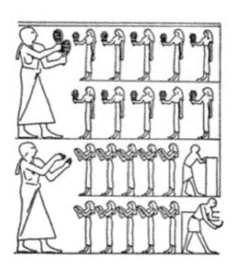

Das In-die-Hände-Klatschen von zwei Gruppen [wie oben gezeigt] kann entweder zwischen Männern und Frauen oder zwei Gruppen von Männern oder zwei Gruppen von Frauen praktiziert werden. Es werden zwei rhythmische Begleitmuster gespielt (z. B. 12 Beats und 8 Beats für die erste und zweite Gruppe). Das Händeklatschen markiert die grundlegenden rhythmischen Beats, bis eine rhythmische Struktur einer bestimmten Dichte durch das Zusammenspiel der von den beiden Gruppen aufgeführten Klatschmuster erzeugt wird.

Zwei Gruppen von Frauen werden beim rhythmischen Händeklatschen während des Sed-Festivals gezeigt (im Grab von Kheruef, Luxor (Theben), 18. Dynastie (15. Jh. v.Chr.)).

Diese Form der Musikproduktion wurde als von himmlischer Natur betrachtet. Man findet eine Passage [§§1972, 1975b] in den Transformationstexten (den sogenannten Pyramidentexten) des Unas, die auf ca. 2350 v.Chr datieren. Die Passage beschreibt die Musen, die die erfolgreiche Auferstehung und Ankunft von Unas (24. Jh. V.Chr.) in einem Höheren Reich feiern.

"Die Doppeltüren des Himmels sind offen ... Die Seelen von Buto tanzen für dich, sie klatschen für dich in die Hände,

sie lösen ihre Haare für dich, sie schlagen ihre Oberschenkel für dich. Sie sagen zu dir, Osiris: „Du bist gegangen, du bist gekommen, du hast geschlafen, du bist aufgewacht, du bist angekommen, du lebst."

>> Mehrere Fotos zur Ergänzung des Textes dieses Unterkapitels finden sich in der digitalen Ausgabe dieses Buches, wie es in PDF- und E-Book-Formaten veröffentlicht wird.

KAPITEL 5 : Die musikalische Aufführung

5.1 DIE HARMONISCH BEVORZUGTE HAND / DIE HARMONISCHE HAND DER MERIT

Merit ist der Name einer altägyptischen Netert (Göttin), die als die Personifikation der Musik angesehen wurde.

Merits Hauptfunktion war es, durch ihre Gesten eine kosmische Ordnung zu etablieren, und als solches ist Merit die kosmische Dirigentin/der Maestro, der die Noten und den Ablauf der musikalischen Darbietungen regelt.

Dieses Verständnis der Rolle der Hand im Alten Ägypten ließ Plato die Musik als *„die Kunst, die Sänger eines Chorals zu führen"* definieren. Die Griechen haben ihre dirigierenden Handzeichen der altägyptischen Musikpraxis zugeschrieben.

Die Hand der Merit ist das universelle Symbol des Handelns.

Musikalisch gesehen, kontrollieren die Finger den Klang, der von Musikinstrumenten abgegeben wird. Wie man die Finger platziert, bestimmt die Töne. Deshalb sind die Finger die plausibelste Art, Musik auszudrücken, zu schreiben und anzuleiten.

Im alten (genau wie im modernen) Ägypten hängen Töne, Saiten, Tonleitern und Melodien alle zusammen und werden daher von einem bestimmten Finger ausgedrückt: *asba* (Plural: *asabi*). In Ägypten (im Alten Ägypten und Baladi Ägypten) ist diese konventionelle „Modus der Fingerbewegung" nötig, um die verschiedenen Tonarten zu identifizieren.

In den frühen Jahren der post-islamischen Ära (nach 640 n. Chr.) nutzten die arabischen Länder die gleichen ägyptischen Fingerausdrücke. Nach ein paar Jahrhunderten begannen sie einen anderen Begriff – *Maqam* – für eine Tonart zu benutzen.

Altägyptische Gräber und Tempel liefern mehrere Reihen von choreografischen, rhythmischen und melodischen Handzeichen, die bestimmten Zeichen der *Cheironomen* entsprechen. Die Töne werden durch verschiedene Positionen der Arme und Finger dargestellt (Zeigefinger gegen den Daumen, die ausgestreckte Hand usw.), was zu einer absoluten Übereinstimmung zwischen tonalen Schritten des altägyptischen Musiksystems und Handzeichen führt.

Der Cheironom präsidierte das musikalische Ensemble und bestimmte durch eine Reihe von Gesten die Tonhöhe und Intervalle, auf denen die Aufführungen der Musiker beruhten. Die Details dieser Untersuchung werden in einer speziellen Studie dargelegt [H. Hickmann, *The Choronomy in Ancient Egypt*, Magazine of Egyptian Language and the Antique 83, 2, 1958.].

Symphonische und polyfonische Variationen sind in musikalischen Szenen aus altägyptischen Gebäuden aus dem Alten Reich (vor 4500 Jahren) mit einem Leiter dargestellt, der das gesamte Ensemble durch sichtbare Gesten führte. Ein oder mehrere Cheironomen wurden dargestellt, um die Art der Aufführung anzudeuten. Es ist anzumerken, dass in der altägyptischen künstlerischen Darstellung die Abbildung von mehr als einem Cheironomen für ein Instrument symbolisch für die beabsichtigte Handlung steht.

Ägyptische Cheironomen leiteten die Musiker im Grunde genommen auf die drei folgenden verschiedene Arten an, um Einzel-, Doppel- und Dreifach-Tonalitäten zu liefern:

1. Die Cheironomen zeigen identische Handzeichen, so dass der/die Musiker unisono/im Einklang spielt/spielen.

2. Die Cheironomen zeigen verschiedene Handzeichen an, also spielen die Musiker einen Akkord. Zwei Beispiele dafür:

a. Im Grab von Ti [Saqqara, Altes Reich] sind zwei Cheironomen dargestellt, die für ein einziges Instrument (Harfe) verschiedene Handsignale geben, die zwei verschiedene Klänge, d. h. ein Beispiel für Polyfonie darstellen.

Diese Darstellung von zwei Cheironomen deutet auf eine doppelte Tonalität hin, die entweder aufeinanderfolgend oder gleichzeitig sein könnte.

b. Einen Akkord mit drei verschiedenen Tönen zu spielen, wird in Nencheftkas Grabmal gezeigt [5. Dynastie, Saqqara, jetzt im Kairoer Museum]. Drei verschiedene Handsignale der dargestellten Cheironomen werden gezeigt. Ein weiteres Beispiel für eine Polyfonie aus drei verschiedenen

Tönen wird in einer musikalischen Szene auf einem Relief im Grab von Nekauhor [Saqqara, 5. Dynastie, derzeit im Metropolitan Museum of Art, New York] präsentiert.

5.2 DIE GESCHRIEBENEN TÖNE

Die alten Ägypter waren äußerst buchstabengetreue Menschen, die alle Aspekte ihrer Zivilisation dokumentierten – in schriftlicher Form. Deshalb sollte es nicht überraschen, dass sie ihr musikalische Klänge genauso aufgeschrieben haben, wie auch ihre gesprochenen Laute (Sprache).

Für die alten Ägypter sind Musik und Sprache zwei Seiten derselben Medaille. Die geschriebenen Symbole (Buchstaben) sind Schallbilder, d. h. jeder gesprochene Buchstabe hat eine spezifische Vibration (Tonhöhe), genau wie das musikalische Alphabet.

Die altägyptische Sprache ist ideal für das musikalische Schreiben, weil ihre Symbole (Buchstaben) in jede Richtung geschrieben werden können, und daher kann ihre Reihenfolge wie eine Tonleiter (auf- ab, links-rechts) oder umgekehrt gelesen werden.

Platon bestätigte in seinem Werk Nomoi/„Die Gesetze" [656-7], dass die alten Ägypter ihre musikalischen Melodien notierten:

> *... Körperhaltungen und Melodien, die harmonisch erfreulich sind. Diese haben die Ägypter im Detail vorgeschrieben und in den Tempeln abgebildet ...*

Alle frühen griechischen und römischen Schriftsteller bestätigten, dass es im Grunde zwei Formen der altägyptischen Schriften gab – bildliche und alphabetische. Es gab verschiedene Arten der alphabetischen Schriften anhängig vom Thema sowie Zweck des Schreibens. Wir werden uns hier auf die Formen konzentrieren, die mit der Musik und den musikalischen Gesangsthemen, wie Poesie, Chanten und Singen – zusammenhängen.

François Joseph Fétis, ein erfahrener Musikwissenschaftler, stellte fest, dass die Wurzeln der Notenschriften-Symbole der Griechen, die demotische Form der altägyptischen Schrift war. F. J. Fétis sagt in seiner *Biographie Universelle des Musiciens et Bibliographie Générale de la Musique* [Bruxelles, 1837, tome I, p. lxxi.],

> *„Ich habe nicht den geringsten Zweifel, dass diese Notenschrift [die von den modernen Griechen in der kirchlichen Musik*

verwendet wird] dem alten Ägypten angehörte. Ich führe als Bestätigung meiner Meinung die Ähnlichkeit dieser Notenzeichen, die irrtümlich dem Hl. Johannes von Damaskus zugeschrieben wurden, mit denen der demotischen oder populären Zeichen der alten Ägypter an ..."

M.Fétis fuhr fort, indem er auf die Ähnlichkeit hinwies, die zwischen den zahlreichen Symbolen zur Bestimmung der Notenlänge – die den Griechen zugeschrieben waren – und gewissen Charakteren der demotisch-ägyptischen Symbole existierte, und diese in einer langen und detaillierten Analyse beschrieb [mehr darüber finden Sie in dem ins englische übersetzten Teil von M. Fétis Text in Carl Engels Buch „The Music of the Most Ancient Nations", Seite 271-272]. M. Fétis zögerte nicht mit seiner Schlussfolgerung:

„Nach dieser detaillierten Analyse des in der Musik der Griechischen Kirche eingesetzten Notationssystems und nach dem Vergleich seiner Zeichen mit denen des demotischen Zeichens, das von den Ägyptern verwendet wird, können wir da auch nur einen Augenblick daran zweifeln, dass die Erfindung dieser Notation jenem alten Volk [den Ägyptern] und nicht dem Hl. Johannes von Damaskus zugeschrieben werden muss ..."

M. Fétis ausführliche Analyse und Schlussfolgerung beweist ohne jeden Zweifel, dass die Griechen die musikalische Notation den demotischen Symbolen der Ägypter entlehnten.

Ein anderer Musikwissenschaftler, nämlich Charles Burney [siehe Bibliografie], stellte fest, dass eine Bestandsaufnahme der verfügbaren Notationen zeigt, dass die Alten Ägypter mehr als 120 verschiedene Zeichen alleine nur für den Klang verwendet haben. Wenn man die Zeit- (oder Tempo-) Variation berücksichtigt, die sich auf die verschiedenen Tonarten und Gattungen bezieht, multipliziert sich die Zahl der Klangfiguren auf mehr als 1620 Stück. Burney beschrieb diese riesige Zahl, die hauptsächlich aus Linien, Kurven, Haken, rechten uns spitzen Winkeln und anderen einfachen Figuren besteht, die an verschiedene Positionen platziert wurden, als eine Form dessen, was er als **„verstümmeltes Fremdalphabet"** bezeichnete. Die Symbole des sogenannten *„verstümmelten fremden Alphabets„* sind eigentlich die altägyptischen demotischen Symbole, wie von M. Fétis angemerkt.

Anders als das heutige westliche Notationssystem, das aus umständlichen Kurzfassungen besteht, die ohne Nachzudenken auswendig gelernt werden müssen, war es jedoch leichter das altägyptischen Notationssystem zu lernen und ihm zu folgen, weil es mit ihrer Sprache übereinstimmte.

Eine ausführliche Analyse der musikalischen Schriftformen im Alten Ägypten findet sich in dem Buch: *The Enduring Ancient Egyptian Musical System* von Moustafa Gadalla.

5.3 DAS RHYTHMISCHE ZEITMASS

Wie von Platon (*Philebus* 18-b, c, d) bezeugt, identifizierten die alten Ägypter die drei Elemente, die einen ordentlichen Klangfluss (regelmäßige Tonhöhe, Laut und Dämpfung) darstellen. Diese drei Kategorien ermöglichen es uns, die Dauer jedes Klangs zu identifizieren, sowie die Ruhepause (Stille) zwischen aufeinanderfolgenden Klängen.

Musik wird, genau wie die Sprache in Muster gelesen, nicht in individuellen Einheiten, d. h. wir lesen Wörter, nicht Buchstaben. Das Verständnis von Musik/Worten/Phrasen hängt von Empfindung und Gedächtnis ab; denn wir müssen nicht nur die Töne fühlen, sobald das Instrument geschlagen wird, sondern uns auch an jene erinnern, die vorher angeschlagen worden sind, um sie miteinander vergleichen zu können. Das zeitliche Element, das die aufeinanderfolgenden Töne trennt, ist der ordnende Faktor beim Hören, Fühlen und dem Verstehen der Absicht von Musik oder den gesprochenen Wörtern/Phrasen.

Die emotionale Wirkung der Musik hängt weitgehend von der Art des Rhythmus ab, den sie einsetzt. Rhythmus bedeutet Fluss: eine Bewegung, die in der Intensität schwingt und abnimmt. Der Rhythmusstrom nimmt in der Musik viele Formen an. Viel von der Farbe und der Persönlichkeit der Musik kommt von seinem Rhythmus.

Dies kann der Kontrast von starken und schwachen Impulsen sein, langen und kurzen Notenwerten, niedrigen und hohen Tönen, langsam oder schnell, gleichmäßig oder ungleichmäßig, mit häufigen oder seltenen Akzenten. Die Kombination dieser Elemente gibt dem Rhythmus seinen Charakter. Die Aufrechterhaltung eines bestimmten Rhythmus war/ist sehr kritisch, da die strikte Einheit von Poesie und Musik unter den Alten und den Baladi-Ägyptern fast untrennbar zu sein scheint.

Als solche hat jede Abweichung von der vorgegebenen Zeit oder dem Rhythmus nicht nur die Schönheit der Poesie zerstört, sondern manchmal sogar die Bedeutung der Worte, aus denen sie zusammengesetzt war. Eine Veränderung der Vokal-Aussprache ergibt einen anderen Klang – einen anderen Vokal – und somit ein anderes Wort.

Das taktieren ist sehr wichtig in der Musik, denn wenn ein Musiker (nicht ein Percussionist) aus dem Takt kommt, hört sich die Musik abgeschnitten an und das Ohr tendiert dazu, nicht mehr zuzuhören und abzuschweifen. Der Beat ist ein ständiges Pulsieren. Er fungiert als Maßstab, mit dem wir die Tonlänge und die Zeit zwischen den Noten messen können. Das Zeitmessen konnte auf eine der folgenden Weisen erreicht werden:

1. Die Musiker lernen, mit Hilfe von onomatopoetischen (lautmalerischen) Silben, den Takt zu halten – leise. Die

Übereinstimmung zwischen den Silben und musikalischen Noten macht diese Taktmethode sehr einfach und natürlich.

Singen zu/mit Musik folgt dem gleichen Muster und kann auf zwei Arten erreicht werden: 1) indem man bestimmte Silben für die Notenlänge und/oder für die Zeit zwischen den Noten verwendet; 2) oder ein gleichmäßiges oder alternatives Wiederauftreten von Zahlen, indem man vor sich hin zählt.

Normalerweise werden zwei Arten von Silben verwendet: kurz und lang, d. h. ein langer/längerer Vokal, im Verhältnis 2:1. Diese beiden Grundelemente werden in zahlreichen Variationen für variable Metren verwendet – die Sequenz von Beats und Pausen, die in jedem Zeitsegment enthalten sind.

2. Mit dem Fuß zu stampfen, wird in altägyptischen musikalischen Szenen [weiter unten rechts abgebildet] als eine Methode, den Takt zu halten, dargestellt.

3. In vielen musikalischen Darstellungen in den altägyptischen Bauwerken werden die Musiker von einer Person begleitet, die klatscht oder mit Klappern arbeitet, um die Musiker im Takt zu halten.

4. Die Ägypter nutzten/nutzen die Trommelmuster von kleinen Handtrommeln, der Bechertrommel (Tabla/

Darbuka), die Rahmentrommel (Riq oder Tar) oder ein Paar Kesseltrommeln (Naqqarat), um den Takt zu halten.

5. Klassische ägyptische Praktiken kannten zwei Arten von Beats, die in Kombination arbeiten, still und hörbar.

• Stille Gesten wurden im alten Ägypten auf verschiedene Weise verwendet, um Signale zu geben, wie zum Beispiel: das Heben des Unterarms, das Drehen der Handfläche entweder nach oben oder unten und das Strecken oder Krümmen der Finger; Eine Hand teilweise hochgehalten mit Daumen und Zeigefinger, die einen Kreis bilden, und anderen Fingern, die steif gehalten werden, während die andere Hand in entspannter Position auf das Ohr oder auf das Knie gelegt wird, mit den Handflächen nach oben oder unten. Der Daumen kann nach oben gestreckt sein oder gegen den Zeigefinger gebeugt werden.

[Ein paar Beispiele von Taktschlägen, wie sie in Gräbern in Sakkara aus dem Alten Reich zu sehen sind.]

Bei der Durchführung dieser Bewegungen wechselten die Hände von Glied zu Glied: mit der rechten Hand; der linken Hand und beiden Händen.

Auch die Finger wechselten sich ab. Im Zweiertakt wurden die vier Teile eines Intervalls zuerst mit dem kleinen Finger angezeigt und dann nacheinander mit dem Ringfinger, dem Mittelfinger und dem Zeigefinger.

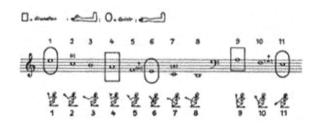

• Akustische Beats wurden auch durch das Schnippen der Finger erzeugt oder das Klatschen (z. B. der Oberschenkel) mit der rechten Hand oder mit der linken Hand oder dem Klatschen mit beiden Händen.

Im Grab von Amenemhet in Luxor (Theben), das auf ca. 1500 v. Chr. datiert, ist eine Dirigentin abgebildet, die vor den Musikanten und mit dem Gesicht zu ihnen steht, die den Takt mit dem rechten Fersen schlägt und mit ihren Daumen und Zeigefingern schnippt.

>> Mehrere Fotos zur Ergänzung des Textes dieses Unterkapitels finden sich in der digitalen Ausgabe dieses Buches, wie es in PDF- und E-Book-Formaten veröffentlicht wird.

5.4 STIMMUNGEN UND TONARTEN

Wir alle bemerken, dass uns bestimmte musikalische Tonarten glücklich machen, während uns andere traurig stimmen. Die emotionale Kraft der verschiedenen musikalischen Tonarten bringt uns in verschiedene Stimmungen, wie: Überschwang, Rausch, Begeisterung, religiöse Hingabe, Liebe, Verspieltheit, Launenhaftigkeit, Reflexion, Ernsthaftigkeit, Patriotismus, Traurigkeit, Sehnsucht, Schwermut, Leidenschaft, Gelassenheit, Ruhe, Freude, Verzweiflung, wahnsinnige Melancholie, Mystik, Agitation usw.

Es ist daher so, dass die Komposition einer Melodie/einer Tonart bestimmten Gestaltungskriterien folgen muss, um das gewünschte Ziel zu erreichen. Diese Tatsache wurde erstmals im alten Ägypten bekannt und umgesetzt.

Im 4. Jh. v.Chr. empfahl Platon, dass der Idealstaat auf Grundlage der Musik errichtet werden sollte – ein gut etabliertes System, das auf einer Theorie des Ethos der Musik basiert – eine Theorie der psychophysiologischen Wirkungen der Musik auf den Staat und den Menschen. Platons Empfehlung war die Anpassung des altägyptischen Systems und dessen Praktiken, wie es in seinen

gesammelten Dialogen in Nomoi /„Die Gesetze, Band II"
[656c-657c] heißt:

DER ATHENER: Dann ist es denkbar, dass irgendwo, jetzt schon oder möglicherweise später, fundierte Gesetze in Kraft sind, die diese erzieherisch-verspielte Funktion der Musen berühren. Männer mit poetischen Gaben sollten frei sein, alles zu nutzen, was hinsichtlich der Art des Rhythmus oder der Melodie oder Wortwahl die Fantasie des Komponisten anregt und dies mittels der Chöre den Buben und Burschen einer gesetzesrespektierenden Gesellschaft beibringen – und es dabei dem Zufall überlassen, ob sich das Ergebnis als Tugend oder Laster erweist?

KLEINIAS: Das klingt doch eindeutig nicht rational.

DER ATHENER: Und doch ist dies genau das, was ihnen in Wirklichkeit überlassen wird zu tun, ich möchte behaupten, in jeder Gemeinde mit Ausnahme von Ägypten.

KLEINIAS: Und in Ägypten selbst, nun – ich bitte dich, wie hat das Gesetz die Angelegenheit dort geregelt?

DER ATHENER: Der bloße Bericht wird dich überraschen. Diese Nation, so scheint es, hat schon vor langer Zeit die Wahrheit erkannt, die wir jetzt erst bejahen, dass Haltung und Melodien gut sein müssen, wenn sie von der jugendlichen Generation der Bürger gewohnheitsmäßig ausgeübt werden sollen. Also haben sie alle vorhandenen gewöhnlichen Arten und geweihte Exemplare in ihren Tempeln aufgezeichnet ...

DER ATHENER: ... In dieser Frage der Musik in Ägypten ist es eine Tatsache und ein zum Nachdenken anregender Fakt, dass es tatsächlich erwiesenermaßen in einer solchen Sphäre möglich ist, Melodien heilig zu sprechen, die per Gesetz eine dauerhafte wesenhafte Richtigkeit aufweisen ...

Daher, wie ich zuvor schon sagte, wenn wir nun das intrinsische Recht dieser Angelegenheit, in welchem Grad auch immer, feststellen können, sollten wir es ohne Misstrauen auf das Gesetz und das System reduzieren, da der Appell an das Gefühl, das sich selbst im ständigen Verlangen nach neuen musikalischen Sensationen zeigt, letzten Endes vergleichsweise wenig tut, um die Chorkunst zu verderben, wenn sie erst einmal heilig gesprochen wurde, indem sie sie als aus der Mode gekommen verhöhnt.

In Ägypten jedenfalls scheint ihr korrumpierender Einfluss in keiner Weise stark gewesen zu sein, sondern vielmehr genau das Gegenteil.

KLEINIAS: Das scheint momentan der Fall zu sein, laut deinem aktuellen Bericht.

DER ATHENER: Dann mögen wir kühn sagen, dass der rechte Weg, die Musik einzusetzen und die Chorkunst wiederherzustellen, sich in einigen dieser Zeilen findet? Wenn wir glauben, dass es uns gut geht, fühlen wir Freude und umgekehrt, wenn wir uns erfreuen, glauben wir, dass es uns gut geht.

Der obige Text aus Platons gesammelten *Dialogen* zeigt, wie die Griechen das alte Ägypten als die einzige Quelle ihrer Idealen Gesetze betrachteten und wie sie (unter anderem) mit der Musik zusammenhingen. Der griechische Text gibt Folgendes zu:

1. Nur Ägypten hatte fundierte Gesetze, die Melodien und Haltungen regelten.

2. Nur Ägypten hatte einen Bestand von gut gestalteten Standardtypen der Tonarten/ Melodien und die Vorschriften, nach denen sie aufgeführt werden – Zeit, Ort und Gelegenheit.

3. Nur Ägypten hatte seine vorgeschriebenen Idealen Gesetze für Musik, Tanz, Poesie usw. praktiziert.

Für weitere Informationen über die Theorie, die Grundlagen und die musikalische Praxis der alten (und heutigen Baladi-) Ägypter, lesen Sie *The Enduring Ancient Egyptian Musical System* von Moustafa Gadalla.

1

GLOSSAR

***

Akkord – eine Kombination aus drei oder mehr Tönen, die harmonisch zusammenklingen.

Baladi – siehe Begriffserklärungen zu Beginn des Buches

BCE = Before Common Era. Wird andernorts auch als BC verwendet. **BC** bedeutet „vor unserer Zeitrechnung" oder auch „v.Chr."

"beat" – ein konstantes Pulsieren. Der Beat fungiert als Maßstab, mit dem wir die Zeit messen können.

Buk-nunu – eine altägyptische Musikeinheit, gleichbedeutend mit 7,55 Cent, was 1/3 eines Kommas ist.

Bund – schmale, seitliche Kämme, die über dem Fingersatz eines Saiteninstruments, wie einer Gitarre etc., befestigt sind, um den Fingersatz zu führen.

CE – „Common Era"/ Heutige Zeitrechnung. An anderer Stelle auch als AD bezeichnet. (AD bedeutet: n.Chr./nach Christus)

Cent – eine Standardeinheit zur Messung von musikalischen Intervallen. Eine Oktave ist gleich 1.200 Cent.

Cheironom – einer, der mit seinen Händen gestikuliert – ein Maestro/ Dirigent.

"Chironomie" – die Kunst des Dirigierens oder der Darstellung von Musik durch Gesten der Finger, Hand/Hände und/oder dem Arm/den Armen .

Diatonisch – eine Tonleiter, bestehend aus 5 ganzen Tönen und 2 Halbtönen.

Enharmonisch – bezeichnet einen ¼ Schritt/eine ¼ Note oder weniger.

Ethos – der Ausdruck einer Tonart, die mit ihrem Aufbau verbunden ist. Beschreibt die ethische oder moralische Kraft einer Tonart; ihre Fähigkeit, die Entwicklung von Charakter und Einstellungen des Hörers zu beeinflussen.

Halbton – die Intervalle zwischen B (Si) und C (Do) und zwischen E (Mi) und F (Fa). [Siehe auch Ton.]

Heptatonisch – besteht aus einer Tonfolge von sieben (hepta) Tönen

Intervall – kann entweder bedeuten: 1) das Verhältnis der Anzahl der Vibrationen zwischen zwei verschiedenen Tönen. 2) Der Abstand, der zwei aufeinander folgende musikalische Notizen trennt. [Siehe auch Ton und Halbton.]

Komma – eine ägyptische musikalische Einheit, gleichbedeutend mit 22,64 Cent

Meter – eine Fortsetzung gleicher Beats, gekennzeichnet durch die periodische Rückkehr eines starken Beats.

Modus (Tonart) – ein rhythmisches System, bestehend aus einer eigenen Kombination aus Tönen und Rhythmen, die dem Hörer einen spezifischen Eindruck verleihen. [Siehe auch Ethos]

Neter/Netert – ein göttliches Prinzip/Funktion/Attribut des Einen großen Gottes. (Falsch übersetzt als Gott/Göttin).

Noten – in westlichen musikalischen Begriffen werden die Buchstaben A (La) bis G (Sol) verwendet, um die Noten zu benennen.

Onomatopoetisch (lautmalerisch) – die Benennung eines Dings oder Handelns durch eine stimmliche Nachahmung des damit verbundenen Klanges (z. B: Zischen).

Pentatonisch – eine Tonleiter, die aus fünf Tönen besteht, von denen drei Ganztöne sind, und zwei Halbtöne – wie die der schwarzen Tasten auf einer Tastatur.

Perfekt/"rein" – der Name der bestimmten Intervallen gegeben wurde – der Quarte, Quinte und Oktave. Der Begriff wird auf diese Intervalle in ihren natürlichen Klängen angewandt (nicht „temperiert"/gedämpft).

Pitch/Tonhöhe – die Position eines Tons in einer Tonleiter, bestimmt durch die Häufigkeit der Vibration und gemessen in Zyklen pro Sekunde.

Polyphonie – das gleichzeitige Klingen verschiedener Noten; Das Klingen von zwei oder mehr verschiedenen Melodien gleichzeitig.

Quarte – kann entweder bedeuten: 1) der vierte Ton einer aufsteigenden diatonischen Tonleiter oder ein Ton drei Stufen über oder unter jedem beliebigen angegebenen Ton in einer solchen Tonleiter – subdominant. 2) das Intervall zwischen zwei solchen Tönen oder einer Kombination von ihnen.

Quinte – kann entweder bedeuten: 1) der fünfte Ton einer aufsteigenden diatonischen Tonleiter oder einem Ton vier Stufen über oder unter jedem beliebigen angegebenen Ton in solch einer Tonleiter – dominant. 2) das Intervall zwischen zwei solchen Tönen oder einer Kombination von ihnen.

Schritt – Klangintervall

Tetrachord – eine Reihe von vier Tönen, die ein Gesamtintervall eines reinen Quarte umfassen; eine halbe Oktave

Timbre – die Qualität oder Farbe des hervorgerufenen Klangs. Es unterscheidet eine Stimme oder ein Instrument von einem anderen.

Ton – die Kombination von Tonhöhe, Intensität (Lautstärke) und Qualität (Timbre). Das Intervall zwischen den einzelnen Noten ist ein Ton, außer zwischen B (Si) und C (Do) und zwischen E (Mi) und F (Fa), wobei das Intervall jeweils ein Halbton ist.

Tonalität – die Beziehung zwischen musikalischen Klängen oder Tönen, unter Berücksichtigung ihrer Vibrationsbeziehungen und ihrer Wertschätzung durch das Ohr. Eine systematische musikalische Struktur.

Tonleiter – jede Reihe von acht Tönen zur Oktave – angeordnet in einem schrittweisen Anstieg oder Abfall der Tonhöhe, die aus einem gegebenen Muster von Intervallen (den Unterschieden der Tonhöhe zwischen den Noten) besteht.

Unisono/Einklang – der gleiche Klang, der von zwei oder mehr Instrumenten oder Stimmen produziert wird.

2

AUSGEWÄHLTE LITERATUR

Burney, Charles. *A General History of Music*, 2 Bände. New York, 1935.

Engel, Carl. *The Music of The Most Ancient Nations*. London, 1929.

Erlanger, Baron Rodolphe. *La Musique Arabe*. Paris, 1930.

Erman, Adolf. *Life in Ancient Egypt*. New York, 1971.

Farmer, H.G. *The Sources of Arabian Music*. Leiden, 1965.

Farmer, H.G. *Historical Facts for the Arabian Music Influence*. New York, 1971.

Fétis, François Joseph. *Biographie Universelle des Musiciens et Bibliographie Générale de la Musique. (Universal Biography of Musicians)*. Bruxelles, 1837.

Gadalla, Moustafa. *Egyptian Cosmology: The Animated Universe*. USA, 2001.

Gadalla, Moustafa. *Egyptian Harmony: The Visual Music*. USA, 2000.

Gadalla,Moustafa. *Egyptian Rhythm: The HeavenlyMelodies*. USA, 2002.

Haïk-Vantoura, Suzanne. *The Music of the Bible Revealed*. Tr. By Dennis Weber/Ed. by John Wheeler. Berkeley, CA, 1991.

Herodotus. *The Histories*. Tr. By Aubrey DeSelincourt. London, 1996.

Hickmann, Hans. *Musikgeschichte in Bildern: Ägypten*. Leipzig, Deutschland, 1961.

Hickmann, Hans. *Orientalische Musik*. Leiden, 1970.

Levy, Ernst and Siegmund Le Varie. *Music Morphology – A discourse and dictionary*. Kent, Ohio, USA, 1983.

Levy, Ernst and Siegmund Le Varie. *Tone: A Study in Musical Acoustics*. Kent, Ohio, USA, 1980.

Manniche, Lise. *Music and Musicians in Ancient Egypt*. London, 1991.

Plato. *The Collected Dialogues of Plato including the Letters*. Editiert von E. Hamilton & H. Cairns. New York, USA, 1961.

Polin, Claire C. J.*Music of the Ancient Near East*. New York, 1954.

Sachs, Curt. *The History of Musical Instruments*. New York, 1940.

Sachs, Curt. *The Rise of Music in the Ancient World*. New York, 1943.

Sachs, Curt. *The Wellsprings of Music*. The Hague, Holland, 1962.

Siculus, *Diodorus*. Vol 1. Tr. by C.H. Oldfather. London, 1964.

Stanford, C.V. and Forsyth, Cecil. *A History of Music*. New York, 1925.

Touma, H.H. *The Music of the Arabs*. Portland, Oregon, USA, 1996.

Wilkinson, J. Gardner. *The Ancient Egyptians: Their Life and Customs*. London, 1988.

Unzählige Hinweise in arabischer Sprache.

3

QUELLEN UND ANMERKUNGEN

Mein Bezug auf die Quellen sind im vorangegangenen Abschnitt der ausgewählten Literatur gelistet. Sie wurden nur bezüglich der Fakten, Ereignisse und Daten genannt, nicht wegen ihrer Interpretation der betreffenden Information.

Es sollte bei jedem Verweis auf eines der Bücher des Autors Moustafa Gadalla beachtet werden, dass jedes dieser Bücher sowohl einen eigenen umfassenden Anhang und eigene umfangreiche Literaturhinweise sowie detaillierte Quellangaben und Anmerkungen enthält.

Kapitel 1: Die Fülle von Instrumenten

Tonhöhen und Tonleitern: Sachs (History of Musical Instruments, Rise of Music), Hickmann (Musikgeschichte in Bildern: Ägypten, Orientalische Musik)

Musiker im Alten Ägypten: Hickmann (Musikgeschichte in Bildern: Ägypten, Orientalische Musik), Wilkinson, Gadalla (Historical Deception, Egyptian Cosmology), Burney, Diodorus, Blackman

Musikorchester: Wilkinson, Hickmann (Musikgeschichte in Bildern: Ägypten, Orientalische Musik)

Andere: Gadalla (Egyptian Cosmology, Egyptian Harmony), Herodotus, Plato, Blackman, Gadalla as a native Egyptian

Kapitel 2: Streichinstrumente

Leiern: Polin, Engel, Wilkinson, Hickmann (Musikgeschichte in Bildern: Ägypten)

Leiern-Umfang: Sachs (History of Musical Instruments), Hickmann (Orientalische Musik, Musikgeschichte in Bildern: Ägypten)

Tri-gonon/Ka-Nun: Hickmann (Orientalische Musik), Sachs (History of Musical Instruments), Egyptian literature in Arabic

Harfen: Wilkinson, Polin, Hickmann (Musikgeschichte in Bildern: Ägypten) [spezifische Beispiele in Gräbern]]

Harfen-Spieltechniken: Hickmann (Musikgeschichte in Bildern: Ägypten), Sachs (Rise of Music)

Kapazität der Harfen: Manniche, Engel, Sachs (History of Musical Instruments), Burney

Instrumente mit Hals: Engel, Sachs (History of Musical Instruments), Farmer [Arabized Era], Erlanger [Arabized Era], Hickmann (Orientalische Musik, Musik-geschichte in Bildern: Ägypten), Manniche, Polin, Wilkinson

Stimmwirbel: Engel, Polin

Zweisaitige: Burney (Compass), Hickmann (Musikgeschichte in Bildern: Ägypten) [samples in tombs]

Dreisaitige: Engel, Manniche

Viersaitige: Engel

Mit kurzem Hals: Hickmann (Musikgeschichte in Bildern: Ägypten), Manniche

Ägyptische Gitarren: Hickmann (Musikgeschichte in Bildern: Ägypten), Engel, Wilkinson

Verschiedene Beispiele in altägyptischen Gräbern: Hickmann (Musikgeschichte in Bildern: Ägypten), Engel, Manniche

Streichinstrumente: Hickmann (Musikgeschichte in Bildern: Ägypten), Touma, Wilkinson

Kapitel 3: Blasinstrumente

Nay: Polin, Hickmann (Musikgeschichte in Bildern: Ägypten), Ägyptische Literatur in arabischer Sprache, Sachs (History of Musical Instruments), Wilkinson, Engel

Spieltechniken: Engel, Sachs (Wellspring), Sachs (History of Musical Instruments), Hickmann (Orientalische Musik)

Beispiele in Gräbern: Hickmann (Musikgeschichte in Bildern: Ägypten)

Querflöte: Hickmann (Musikgeschichte in Bildern: Ägypten), Polin, Wilkinson, Sachs (History of Musical Instruments)

Panflöte: Sachs (History of Musical Instruments), Hickmann (Musikgeschichte in Bildern: Ägypten)

Einzelrohr: Wilkinson, Gadalla (Egyptian Rhythm)

Teilanalyse von Pfeifen in verschiedenen Museen: Sachs (Rise of Music)

Doppelrohrpfeifen: Stanford/Forsyth, Wilkinson, Hickmann (Musikgeschichte in Bildern: Ägypten),

Manniche, Sachs (History of Musical Instruments), Wilkinson, Polin, Sachs (Rise of Music), Hickmann (Orientalische Musik)

Die Doppelhörner: Polin, Hickmann (Musikgeschichte in Bildern: Ägypten), Sachs (Wellsprings)

Beispiel für Hörner : Hickmann (Musikgeschichte in Bildern: Ägypten)

Kapitel 4: Schlaginstrumente

Membrantrommeln: Wilkinson, Hickmann (Musikgeschichte in Bildern: Ägypten), Engel, Polin Abusir Drum: Sachs (History of Musical Instruments)

Tamburin: Wilkinson, Hickmann (Musikgeschichte in Bildern: Ägypten), Touma

Nichtmembrane Stöcke: Hickmann (Musikgeschichte in Bildern: Ägypten), Sachs (History of Musical Instruments)

Klappern: Wilkinson, Hickmann (Musikgeschichte in Bildern: Ägypten), Polin

Sistrum (Rahmenrassel): Wilkinson, Hickmann (Musikgeschichte in Bildern: Ägypten)

Zimbeln und Kastagnetten: Polin, Hickmann (Musikgeschichte in Bildern: Ägypten), Wilkinson, Sachs (History of Musical Instruments), Stanford/Forsyth

Schellen (Glockenspiel):: Sachs (History of Musical Instruments), Polin, Engel Bells in museums and tombs: Hickmann (Musikgeschichte in Bildern: Ägypten)

Xylofon: Engel, Wilkinson

Menschliche   Körperteile: Wilkinson,   Hickmann
(Musikgeschichte in Bildern: Ägypten), Touma

Kapitel 5: Musikaufführung

Harmonische Hand: Gadalla (Egyptian Rhythm, Egyptian
Harmony), Vantoura, Sachs (Rise of Music), Hickmann
(Orientalische Musik), Hickmann (Musikgeschichte in
Bildern: Ägypten)

Die geschriebenen Töne: Plato, Engel, Fétis, Stanford/
Forsyth, Burney

Das rhythmische Zeitmaß: Plato, Moore, Burney, Levy &
LeVarie, Sachs (Rise of Music), Gadalla (Egyptian Rhythm),
Polin

Stimmungen und Modi (Tonarten): : Moore, Plato, Gadalla
(Egyptian Rhythm)

Lightning Source UK Ltd.
Milton Keynes UK
UKHW010730220922
409267UK00001B/76

9 798215 180389